VOLUME V

ORDEM E HISTÓRIA

VOLUME V

ORDEM E HISTÓRIA

ERIC VOEGELIN

EM BUSCA DA ORDEM

Introdução

Ellis Sandoz

Tradução

Luciana Pudenzi

Revisão técnica

Marcelo Perine

Edições Loyola

Título original:
Order and History, v. V
– The collected works of Eric Voegelin, v. 18

University of Missouri Press, Columbia, MO 65201
ISBN 0-8262-1261-1

Preparação: Carlos Alberto Barbaro
Capa: Mauro C. Naxara
Diagramação: So Wai Tam
Revisão: Maurício Balthazar Leal

Edições Loyola Jesuítas
Rua 1822, 341 – Ipiranga
04216-000 São Paulo, SP
T 55 11 3385 8500/8501 • 2063 4275
editorial@loyola.com.br
vendas@loyola.com.br
www.loyola.com.br

ISBN 978-85-15-03740-7

103222

Plano da obra

ORDEM E HISTÓRIA

I Israel e a revelação

II O mundo da pólis

III Platão e Aristóteles

IV A era ecumênica

V Em busca da ordem

Sumário

Introdução do editor

Este breve volume não requer uma introdução prolixa do editor. A introdução que redigi há doze anos para a edição original persiste válida ainda hoje, e o precioso epílogo de Jürgen Gebhardt está também disponível para consulta. Contudo, cabe enfatizar uma ou duas questões e apontar a valiosa literatura inspirada pelo presente livro como a culminação de *Ordem e história* (1956-1987).

Em primeiro lugar, este último livro completa a ruptura teórica definitiva de Voegelin com o racionalismo iluminista como a forma da filosofia moderna e sua substituição pela racionalidade meditativa ou *noesis*, revivescendo assim um modo de investigação que remonta às *Confissões* de Santo Agostinho e aos diálogos de Platão. O livro é em si uma análise persuasiva da análise meditativa como a forma substancial do requisito filosofante, caso se pretenda que a exploração das alturas e profundezas da realidade seja conduzida em abertura perante a verdade e não esteja viciada por deformações reducionistas de uma espécie ou de outra. Essa análise meditativa, por sua vez, constitui o cerne da ciência renovada das questões humanas que Voegelin se empenhou por estabelecer e elucidar em sua obra durante toda a sua vida. Por um lado, é um ato de resistência contra as concepções truncadas e enganosas frequentes em nossa época ideológica, com consequências desastrosas para a ordem pessoal e política. Por outro, é uma tarefa na qual o autor se envolveu de modo autoconsciente e explícito, pelo menos desde a época da inédita *Herrschaftslehre* (c. 1930) em diante, e de maneira mais vigorosa nas últimas obras. Longe de ser algo novo neste pequeno livro, a estruturação da investigação com base no modelo *fides quaerens intellectum* é assumida como emblemática da filosofia em si desde suas origens pré-socráticas — o amor à sabedoria de uma alma inquiridora sensível ao apelo divino que ascende em admiração rumo a uma participação mais luminosa na realidade eminente. A obra de Voegelin corrige um desvio da filosofia que ele constatou ocorrer já na geração subsequente a Aristóteles, que inclui a desnaturação cristã do *Nous* como "razão natural" [ver p. 65].

Em segundo lugar, a forma de investigação assim caracterizada e seguida por uma pessoa passível da designação "filósofo místico" compreende a atividade e a vida que desdobra como consistentes com o senso comum e como representativas daquilo que pretende qualificar como ser humano. Voegelin sustentou firmemente que toda boa filosofia se fundamenta no senso comum e que a dimensão primária na razão noética (*nous*) é a tensão em relação ao fundamento divino do ser. Deste modo, tão logo reconhecemos que este livro pode e deve ser situado lado a lado com os grandes clássicos meditativos da história, reconhecemos em seguida que a humanidade comum de todos os homens encontra seu centro vital e suas mais profundas satisfações na vida espiritual à qual todos são chamados, por mais imperfeita que possa ser de fato a resposta de cada pessoa ao apelo divino. Os emaranhados da meditação antes de nós dissolvem-se todos na compreensão reflexiva da inteligência ordinária e da experiência comum. Apenas não pare de pensar — Voegelin às vezes sugere. Ou, relembrando outra de suas exortações favoritas, um livro que não esteja acima da compreensão que você possui não vale ser lido. E ele admirava o sentimento de T. S. Eliot de que o único método em questões filosóficas é ser muito inteligente. Presumivelmente, mesmo ser inteligente não situa a filosofia mística além da esfera da fraternidade dos homens sob Deus. O requerimento de Eliot pode com efeito sugerir que alguns daqueles que anunciam com o máximo alarde sua perplexidade e sua incompreensão diante dos textos de Voegelin fornecem evidências dos avanços da corrupção, da incapacidade e da desculturação em leitores supostamente instruídos, principalmente um reflexo de suas deficiências.

Para a considerável literatura sobre os aspectos centrais do pensamento de Voegelin, deve-se consultar a grande bibliografia compilada por Geoffrey L. Price, Eric Voegelin Classified Bibliography, *Bulletin of the John Rylands University Library of Manchester* 76, nº 2 (verão 1994); esta foi atualizada por Stephen A. McKnight e Geoffrey L. Price (eds.), *International and interdisciplina-*

ry perspectives on Eric Voegelin, Columbia, University of Missouri Press, 1997, 189-214, que também contém diversos ensaios valiosos. De importância para temas deste livro, menciono: Michael P. Morrissey, *Consciousness and transcendence:* the theology of Eric Voegelin, Notre Dame, University of Notre Dame Press, 1994, especialmente os capítulos 4 e 6; Glenn Hughes (ed.), *The politics of soul:* Eric Voegelin on religious experience, Lanhanm, Rowman & Littlefield, 1999; Glenn Hughes, *Mystery and myth in the philosophy of Eric Voegelin*, Columbia, University of Missouri Press, 1993; Kenneth Keulman, *The balance of consciousness:* Eric Voegelin's political theory, University Park, Pennsylvania State University Press, 1990; Barry Cooper, *Eric Voegelin and the foundations of modern political science*, Columbia, University of Missouri Press, 1999; Brendan M. Purcell, *The drama of humanity:* towards a philosophy of humanity in history, Frankfurt am Main, Peter Lang, 1996; Robert McMahon, Eric Voegelin's paradoxes of consciousness and participation, *Review of Politics* 61, n. 1 (inverno 1999) 117-138; Ellis Sandoz, *The politics of truth ond other untimely essays:* the crisis of civic consciousness, Columbia, University of Missouri Press, 1999, especialmente o capítulo 10; David Walsh, *Guarded by mystery:* meaning in a postmodern age, Washington [D.C.], Catholic University of America Press, 1999; Michael Franz, *Eric Voegelin and the politics of spiritual revolt:* the roots of modern ideology, Baton Rouge, Louisiana State University Press, 1992; e Paul Caringella, Voegelin: philosopher of divine presence, em Ellis Sandoz (ed.), *Eric Voegelin's significance for the modern mind*, Baton Rouge, Louisiana State University Press, 1991, 174-205.

ELLIS SANDOZ

Em busca da ordem

coniugi dilectissimae

In consideratione creaturatum non est vana et peritura curiositas exercenda; sed gradus ad immortalia et semper manentia faciendus.

[No estudo da criatura, não se deve exercer uma curiosidade vã e perecedoura, mas ascender rumo àquilo que é imortal e permanente.]

Santo Agostinho, *De vera religione*

Sumário analítico

Prefácio

Ao longo de nossos cinquenta e três anos de matrimônio, tentei ser uma parceira da vida de meu marido o máximo que pude. A princípio isso foi difícil, pois não tive ensino acadêmico formal e tive de me familiarizar com o seu mundo de estudo e reflexão. Com sua orientação procurei absorver — às vezes apenas por deferência, mas com crescente interesse — o que o mundo do estudo e da ciência tinha a oferecer. Mas, uma vez que os talentos que possuo são mais os da resposta afetiva, meu principal e maior interesse na vida esteve em meu marido e sua obra. Com frequência fui qualificada como sua parceira silenciosa, um título que me é apropriado e que eu gostaria de manter.

Foi apenas por insistência de amigos que concordei em redigir estas linhas, expondo alguns fatos que podem ter interesse geral a respeito da origem deste volume. Meu marido começou a redigir estas páginas no verão de 1980, após quatro anos de pesquisas, com a dedicada assistência de Paul Caringella, e prosseguiu em suas extensas leituras e em sua redação ao longo dos três anos seguintes. No final de 1983 sua saúde começou a decair, e a estrênua concentração necessária para escrever tornou-se cada vez mais difícil. Por volta daquela época ele já havia enviado boa parte do manuscrito para a Louisiana State University Press, sempre na esperança de que algum dia estivesse em condições de escrever novamente. Mas, uma vez que sua enfermidade avançava, ele por fim compreendeu que não lhe estava destinado continuar vivendo. Em seus últimos meses de vida eu o vi, quase todos os dias, lendo e relendo o manuscrito, fazendo pequenas correções ocasionalmente e sempre enfatizando para mim: "Este será o volume V". Ele gostava de seu trabalho e falava sobre ele com frequência, fazendo-me entender que sabia muito bem que estas páginas são a chave para todas as suas demais obras e que nelas ele foi o mais longe que pôde na análise, dizendo o que queria dizer tão claramente quanto possível. Ele não nos deixou nenhuma instrução concernente à publicação; sabia que sua obra estaria sob os maiores cuidados da experiente Beverly Jarrett, a quem tinha como amiga.

Espero que estas observações sejam úteis para uma compreensão deste aparentemente pequeno volume.

LISSY VOEGELIN

Introdução

Uma introdução a este volume final de *Ordem e história* feita por outras mãos que não as de Eric Voegelin, algo requerido em razão da morte de Voegelin em 19 de janeiro de 1985, não pode ser uma exposição teórica de peso como o foram as introduções aos volumes anteriores. O leitor terá de se contentar com muito menos que isso. Ademais, o livro em si nos chega às mãos como um fragmento, como a estória inconclusa da busca da ordem. Sob tais circunstâncias, nossa introdução só pode ser uma rememoração do caminho trilhado por Voegelin ao investigar a ordem — e a desordem — na história e sua rearticulação reflexiva em seu livro, com a indicação pertinente do novo terreno aqui explorado.

O caráter fragmentário da obra diante de nós não deve contudo induzir a uma suspeita de que tenha sido ponderada de modo imperfeito ou de que careça de uma revisão como projeto final. Pelo contrário. O livro só é fragmentário por não estender a análise a outros assuntos que o autor claramente considerava e por não ilustrar a apresentação teórica em detalhes maiores do que ele foi capaz de fazer antes que o tempo se esgotasse. Mas a apresentação teórica em si está essencialmente completa, e o fato de que a busca da ordem seja uma estória inacabada conforme relatada por Voegelin é inteiramente apropriado, pois, como ele insistia, nem a realidade nem a filosofia podem ser reduzidas a um sistema. Deste modo, pode-se dizer que a forma da presente obra simboliza a visão filosófica de Voegelin acerca da história e da realidade abrangente como uma estória inacabada, narrada por Deus na linguagem reflexiva dos homens e mulheres espiritualmente dotados abertos ao mistério da verdade emergente por meio do encontro do divino e do humano no Intermediário da existência participativa, a realidade humana por excelência. A forma e o conteúdo, deste modo, interpenetram-se.

A evocação da realidade participativa do Intermediário (ou *metaxy*, como designado por Platão) é um ponto crucial a ser rememorado, já que encontra sua expressão no início de *Ordem e história* e permanece no centro da busca da verdade de Voegelin como símbolo e experiência diferenciadores na presente obra. Logo, o primeiro parágrafo da introdução ao volume I diz o seguinte:

> Deus e homem, mundo e sociedade formam uma comunidade primordial do ser. A comunidade, com sua estrutura quaternária, é e não é um dado da experiência humana. É um dado da experiência na medida em que é conhecida pelo homem em virtude da participação deste no mistério de seu ser. Não é um dado da experiência na medida em que não se apresenta à maneira de um objeto do mundo exterior, mas só é cognoscível pela perspectiva da participação nela.

A exploração esclarecedora prossegue nos parágrafos subsequentes. "A participação no ser [...] não é uma participação parcial do homem; ele se acha engajado com o todo de sua existência, pois a participação é a própria existência."

> Há uma experiência de participação, uma tensão reflexiva na existência, que irradia sentido na proposição: O homem, em sua existência, participa do ser. Esse sentido, entretanto, torna-se absurdo se esquecemos que o sujeito e o predicado da proposição são termos que explicam a tensão da existência e não conceitos que denotam objetos. Não há um "homem" que participa do "ser" como se este fosse um empreendimento de que ele poderia muito bem não participar; há antes um "algo", uma parte do ser, capaz de experimentar-se como tal, e capaz, além disso, de usar a linguagem e de chamar essa consciência que tem a experiência pelo nome de "homem". [...] No centro de sua existência o homem é desconhecido para si mesmo, e deve permanecer assim, pois a parte do ser que chama a si mesma de homem só poderia ser inteiramente conhecida se a comunidade do ser e seu drama no tempo fossem integralmente conhecidos. A parceria do homem no ser é a essência de sua existência, e essa essência depende do todo de que a existência é uma parte. O conhecimento do todo, entretanto, é impossibilitado pela identidade entre o conhecedor e o parceiro, e a ignorância do todo impossibilita o conhecimento essencial da parte. Essa situação de ignorância com relação ao núcleo decisivo da existência é mais do que desconcertante: é profundamente perturbadora, porque das profundezas dessa ignorância básica jorra a ansiedade da existência (*Ordem e história*, v. I, 45-46).

Centenas de páginas e dezoito anos depois, no volume IV de *Ordem e história*, onde deixamos a estória inacabada em 1974, Voegelin escreveu sobre a análise experiencial da participação e a verdade que ela desvela na filosofia. A ocasião é aquilo que ele chama de "simbolização da tensão erótica na existência do homem como uma realidade Intermediária" transmitida por Platão no *Banquete*.

> A verdade da existência na tensão erótica é comunicada pela profetisa Diotima a Sócrates. O diálogo da alma entre Sócrates e Diotima, relatado por Sócrates como sua contribuição a um diálogo sobre Eros que é um diálogo na alma de Platão, recontado a amigos por um certo Apolodoro, que, anos antes, o ouvira de Aristodemo, que, anos atrás, estivera presente no Banquete, é o cenário engenhosamente circunvalado para a verdade da metaxia. De fato, essa verdade não é uma informação a respeito da realidade, mas o evento em que o processo da realidade torna-se luminoso a si mesmo. Não é uma informação recebida, mas um discernimento que surge do diálogo da alma quando investiga "dialeticamente" sua própria incerteza "entre conhecimento e ignorância." Quando surge o discernimento, ele possui o caráter da "verdade", porque é a exegese da tensão erótica experimentada; mas ele surge somente quando a tensão é experimentada de tal maneira que irrompe em sua própria exegese dialógica. Não há nenhuma tensão erótica situada ao redor em alguma parte a ser investigada por alguém que com ela topa. A dicotomia sujeito–objeto, que é moldada conforme a relação cognitiva entre ser humano e coisas no mundo exterior, não se aplica ao evento de uma "experiência-articulando-a si mesma". Por conseguinte, o Sócrates do *Banquete* recusa-se cuidadosamente a fazer um "discurso" sobre Eros. Em lugar disso, faz a verdade revelar-se por meio de seu diálogo com Diotima, à medida que o relata. Ademais, ele insiste em fazer seu relato iniciar com a própria questão que aparecera por último no diálogo precedente com *Agathon*. O diálogo socrático da alma dá continuidade ao diálogo entre os companheiros no Banquete e, inversamente, essa continuidade assegura ao diálogo precedente o mesmo caráter do "evento" em que a tensão erótica na alma de um ser humano luta para atingir a luminosidade articulada de sua própria realidade. Daí o diálogo da alma não ser fechado como um evento em uma pessoa que, após ter ele acontecido, informa o resto do gênero humano sobre seus resultados como uma nova doutrina. Embora o diálogo ocorra na alma de um ser humano, não é "ideia de um ser humano acerca da realidade", mas um evento na metaxia em que o ser humano entretém "conversação" com o fundamento divino do processo que é comum a todos os seres humanos. Devido à presença divina no diálogo do *daimonios aner*, o evento tem uma dimensão social e histórica. A alma socrática arrasta para seu diálogo os companheiros e, além dos companheiros imediatos, todos aqueles que estão ansiosos para ter esses diálogos a eles relatados. O *Banquete* se apresenta como o relato de um relato ao longo de intervalos de anos; e o reportar prossegue até hoje (*Ordem e história*, v. IV, 251-252).

O poder arrebatador da linguagem meditativa de Voegelin ao expor as dimensões-chave da realidade participativa do Intermediário nos prepara para o volume aqui apresentado e também nos lembra de outras duas questões relevantes neste contexto. A primeira delas é que a *resistência* à falsidade é a origem específica da busca da verdade refletida na filosofia de Voegelin e em sua exploração das alturas e profundezas da realidade experienciada-simbolizada. O tema arcano e a apresentação tecnicamente abstrusa que, como vimos no volume precedente, forçam os limites da linguagem e da compreensão não devem obscurecer o ímpeto existencial da empreitada de *Ordem e história* como um todo e dos esforços heroicos de seu autor a serviço da verdade. "As motivações de minha obra são simples; elas provêm da situação política", declarou Voegelin em 1973. A elaboração da resistência à falsidade na filosofia de Platão oferecida por Voegelin em vários locais (por exemplo, a luta contra a sociedade sofística no *Górgias* analisada em *Ordem e história*, III, 85-89) é feita nos moldes do empenho do próprio autor para encontrar a verdade em meio à corrupção da linguagem escarnecedora e da política ideológica que tiveram início durante as décadas de 1920 e 1930 na Europa. A "situação política" da qual se fala seria, resumidamente, aquela representada por Stalin, Hitler, Mussolini e os meios sociais e intelectuais cuja emergência histórica lhes permitiu predominar como figuras representativas. Antes de tudo, a saída de cena dessas figuras "epigonais", porém, não erradica os fatores de longo prazo que favoreceram sua ascendência. Por conseguinte, o esforço de recuperar o fundamento espiritual da existência como um movimento contra a degradação da existência forçada de modo esmagador pelas atmosferas de opinião deformadas pela ideologia e inclinadas à erradicação da oposição era uma tarefa de compreensão histórica e de urgência teórica presente. Essa urgência foi memoravelmente expressa no prefácio a *Ordem e história*, em que Voegelin não apenas fala da "amnésia com relação às realizações passadas" na busca da ordem, mas também aponta duramente "a fé metastática [como] uma das grandes fontes de desordem, se não a principal, no mundo contemporâneo", e declara que "é uma questão de vida ou morte para todos nós compreender o fenômeno e encontrar remédios para combatê-lo antes que ele nos destrua". Ele aponta a investigação filosófica como um dos mais modestos remédios contra as desordens da época, e escreve:

> A ideologia é a existência em rebelião contra Deus e o homem. É a violação do primeiro e do décimo mandamentos, se quisermos empregar a linguagem da ordem israelita; é a *nosos*, a doença do espírito, empregando a linguagem de Ésquilo e Platão. A filosofia é o amor ao ser por meio do amor ao Ser divino como a fonte de sua ordem. O Logos do ser é o objeto próprio da investigação filosófica, e a busca da verdade concernente à ordem não pode ser conduzida sem um diagnóstico dos modos de existência na inverdade. A verdade da ordem tem de ser reconquistada na luta

perpétua contra a queda em relação à mesma, e o movimento rumo à verdade tem seu início na consciência que um homem tem de sua existência na inverdade. A função diagnóstica e a função terapêutica são inseparáveis na filosofia como uma forma de existência (*Ordem e história*, I, 32).

Ordem e história foi portanto concebida como um diagnóstico dos tempos de conturbação e como uma terapia para eles, com o propósito de ajudar a estabelecer uma ilha "de ordem na desordem da época".

Uma segunda questão trazida à mente pelas passagens que refletem sobre a realidade participativa do Intermediário é a primazia do símbolo Deus. É a primeira palavra no corpo do livro, e aparece de modo sinonímico como o "fundamento divino" e o "homem espiritual" na análise do *Banquete* previamente citada. A filosofia em si, como acabamos de ver, é "o amor ao ser por meio do amor ao Ser divino" como sua fonte de ordem. Na reviravolta do homem como um todo, para Eric Voegelin, longe das sombras da burla filosófica e rumo à luz da verdade que de algum modo o atraía, a exigência da resistência pessoal diante da falsidade nacional-socialista com suas alegações generalizadas sobre a existência humana forçou um resgate da ciência clássica e cristã do homem como a maneira de conduzir sua crítica da modernidade e reorientar-se na realidade. Conforme implicado pela Parábola da Caverna, de Platão, o interesse em Deus foi primordialmente filosófico e existencial, mais que "religioso", no sentido de doutrinas, dogmas e credos. O apelo acima das reivindicações abrangentes de verdade política reside nas "Leis da Natureza e do Deus da Natureza", como Voegelin descobriu em sua primeira viagem aos Estados Unidos em 1924; e ele vinculou a filosofia do senso comum do iluminismo escocês prenunciado no pensamento americano com as noções da racionalidade helênica como contidas nos escritos de Platão e Aristóteles, que evocam o Fundamento, a Beleza, o Bem e o Primeiro Motor divinos transcendentes como a fonte do ser e da ordem. Voegelin começou a estudar grego em Viena no início da década de 1930 a fim de ler as fontes mais importantes; depois de escapar aos nazistas e se mudar permanentemente para os Estados Unidos, ele começou a estudar hebraico com um rabino em Tuscaloosa, no Alabama, por volta de 1940, a fim de ler o Antigo Testamento.

Muito antes que as primeiras linhas de *Ordem e história* fossem redigidas, Voegelin salientou energicamente, na correspondência com seu grande amigo Alfred Schütz, em 1943, que (em contraste com o imanentismo de Edmund Husserl) os "problemas filosóficos da transcendência [eram] os problemas decisivos da filosofia" (*Anamnesis* [1966], 36). Voegelin reiterou esta visão uma década mais tarde, quando, em outra carta para o mesmo correspondente, respondendo a questões sobre seu novo livro, *The new science of politics* [1952], escreveu o seguinte:

> E agora, respondendo à sua pergunta decisiva: a teoria só é possível no interior da estrutura da cristandade? É óbvio que não. A filosofia grega é pré-cristã; logo, pode-se filosofar perfeitamente bem como um platônico ou um aristotélico. Filosofar me parece ser, essencialmente, interpretar experiências de transcendência; essas experiências, como fato histórico, existiram independentemente da cristandade, e não há dúvida de que também hoje é igualmente possível filosofar sem a cristandade. Mas a resposta básica e inequívoca tem de ser ressalvada num ponto essencial. Há graus de diferenciação das experiências. Eu assumiria como um princípio do filosofar que o filósofo tem de incluir em sua interpretação as experiências diferenciadas ao máximo. [...] Ora, com a cristandade, uma diferenciação decisiva ocorreu (apud Peter J. Opitz e Gregor Sebba [eds.], *The philosophy of order*, 1981, 450).

Isso, então, nos traz ao livro que temos diante de nós — pois o volume final de *Ordem e história* é dedicado à elucidação das experiências de transcendência que Voegelin discutiu amplamente em volumes anteriores e em ensaios e livros que não estão inclusos na presente obra. Não pode haver dúvidas de que Voegelin tenha se mantido fiel à sua visão, conforme expressa a Schütz décadas antes: "o filosofar me parece ser, em essência, a interpretação das experiências de transcendência". De que modo, precisamente, isso completa a obra e a ciência noética incluindo uma nova filosofia da consciência, da política e da história é um assunto vasto, que é preferível deixar para comentadores e para outras ocasiões. Em suma, uma vez que as experiências de transcendência constituem a essência tanto da filosofia como da ordem da existência humana e da história, resta demonstrar, de maneira teoricamente contundente, o que são exatamente essas experiências. Essa é uma tarefa crucial do presente livro. Algumas palavras de esclarecimento sobre o contexto do notável esforço de Voegelin para cumprir essa tarefa podem concluir esta introdução ao arremate da ciência noética das questões humanas, que, em aspectos significativos, sutilmente revisa e suplanta, de modo crítico, a ontologia tradicional e a epistemologia da filosofia.

Uma página particularmente alarmante dos perturbadores prolegômenos a *Ordem e história*, publicados sob o título *The new science of politics*, anuncia a preocupação da última década da obra do autor, especialmente no que diz respeito à fruição em *Em busca da ordem*. Ao discutir o ímpeto rumo à certeza existencial, que explica parcialmente os simbolismos religiosos de caráter falaciosamente imanentista da escatologia cristã dos gnósticos modernos, Voegelin reflete sobre a ânsia por uma certeza substancial e sua relativa ausência na delicada textura da relação entre a fé e a graça. Ele escreve:

> A incerteza é a própria essência do cristianismo. O sentimento de segurança em um "mundo cheio de deuses" [proporcionado pelas antigas religiões cosmológicas míticas] é perdido junto com os próprios deuses; quando o mundo é desdivinizado, a comunicação com o Deus que transcende o mundo é reduzida ao tênue laço da fé, no sentido encontrado em Hebreus 11,1, como a substância das coisas esperadas e a prova das coisas não vistas. Ontologicamente, a substância das coisas a que se aspira não se encontra senão na fé, e, epistemologicamente, não há prova das coisas não vistas a não ser, novamente, essa mesma fé. O laço é, de fato, tênue e pode facilmente se romper. A vida da alma em abertura para Deus, a espera, os períodos de aridez e embotamento, culpa e desalento, contrição e arrependimento, desistência e esperanças sobre esperanças, os alvoroços silenciosos do amor e da graça, estremecendo à beira de uma certeza que, se conquistada, é perdida — a própria leveza desse tecido pode se revelar um fardo demasiadamente pesado para os homens que anseiam por uma experiência possessiva intensa (*The new science of politics*, 122).

O que uma nota de rodapé de caráter primordialmente defensivo identifica como "uma psicologia da experiência" — não a teologia ou a dogmática da fé — é o assunto de Voegelin nessas linhas e, mais amplamente, também na presente obra. O fato de que há algo de duvidoso acerca de sua fé veio porém como uma notícia importuna para os cristãos dogmáticos, que reagiram com exasperação à sugestão, tanto em 1952 como em ocasiões similares posteriores, como a análise da fé de Paulo em *A era ecumênica* (*Ordem e história*, IV, cap. 5, A visão paulina do Ressuscitado, 309 ss.). Não apenas os ideólogos-gnósticos, mas também os fiéis contribuem para a "dogmatomaquia" da época, e o propósito de Voegelin de procurar resgatar os fundamentos experienciais da civilização por meio da análise imparcial e investigativa certamente fizeram dele, em diversos graus, o adversário de todos os grupos empenhados no êxito na luta de poder e o alvo de sua vituperação incompreensiva e depreciativa quando ele não se dispunha a ser recrutado para suas causas.

Com base nestas últimas reflexões, as dimensões pessoal, social e histórica da vocação do filósofo aparecem de maneira pertinente. Focado nas experiências-simbolismos formativas cruciais, de qualquer ambiência, ocorridas no tempo-eternidade da realidade humano-divina do Intermediário chamada história, o homem que é o lugar da experiência-que-se-articula (agora ou no passado) é e não é atado por sua identidade individual, pelo pertencimento étnico e nacional e pelas circunstâncias históricas de sua vida. Os paradoxos da busca, apenas sugeridos nos termos hifenizados, constituem um importante assunto das páginas seguintes. O ponto arquimediano de ver a realidade "objetivamente", que não está em nenhum lugar onde possa ser encontrado, é equiparado pela experiência-símbolo que é igualmente inacessível na realidade inevitavelmente participativa e particular dos mais sensíveis e argutos exploradores da verdade noética e pneumática.

O vasto empenho em elaborar uma teoria da ordem e da história não é abandonado por Voegelin ao concluir a obra com este delgado volume. Entretanto, aquela teoria se forma de tal modo que o pensamento de Voegelin surpreenderia alguns leitores. Nos dezessete anos que separam a publicação dos três primeiros volumes e a publicação do quarto volume de *Ordem e história* (1956-57 a 1974), a subjacente filosofia da consciência pressuposta nas primeiras obras (e referente a todo o percurso desde o primeiro livro do autor em 1928) apareceu plenamente desabrochada em 1966 em *Anamnesis*. Nos trinta anos após a publicação do quarto volume, e também antes e no decurso de sua publicação, outros escritos e publicações desenvolveram linhas vitais de investigação completadas aqui por Voegelin. Entre os mais essenciais destes ensaios estão "The beginning and the beyond" (escrito entre 1975 e 1978, um texto datilografado de setenta páginas deixado inacabado e inédito) e alguns ensaios publicados que incluem "Immortality: experience and symbol" (1967), "Equivalences of experience and symbolization in history" (1970), "The Gospel and culture" (1971), "On Hegel: a study in sorcery" (1971), "Reason: the classic experience" (1974), "Remembrance of things past" (1978), "Wisdom and the magic of the extreme: a meditation" (1981), e a despedida "Quod Deus Dicitur" (1985), ditado em seu leito de morte[1]. Esses ensaios, entre outros, foram

---

[1] Uma bibliografia dos escritos de Voegelin desde 1981 pode ser encontrada em Ellis SANDOZ, *The voegelinian revolution:* a biographical introduction, 1981; 2ª ed.: New Brunswick, Transaction Publishers, 2000. O artigo Quod Deus Dicitur foi publicado em *Journal of the American Academy of Religion* 53 [3] (1985) 569-584, e incorpora cerca de dez páginas do inédito The beginning and the beyond. As referências dos artigos de Voegelin mencionadas no texto são as seguintes: Immortality: experience and symbol, *Harvard Theological Review* 60 (1967) 235-279; Equivalences of experience and symbolization in history, in *Eternita è storia:* i valori permanenti nel divenire storico, Firenze, Valecchi, 1970, 215-234 (reeditado em *Philosophical Studies* 28 [s.d.] 88-103; The Gospel and Culture, em Donald G. MILLER e Dikran Y. HADIDIAN (eds.), *Jesus and man's hope*, Pittsburgh, Pittsburgh Theological Seminary Press, 1971, II/II, 59-101; On Hegel: a study in sorcery, *Studium Generale* 24 (1971) 335-368 (reed. J. T. FRASER et al. [eds.], *The study of time*, Heidelberg, 1972, 418-51); Reason: the classic experience, *Southern Review* 10 (1974) 237-264; Remembrance of things past, in *Anamnesis*, ed. e trad. Gerhart Niemeyer, Notre Dame, University of Notre Dame Press, 1978, 3-13; Wisdom and the magic of the extreme: a meditation, *Southern Review* 17 (1981) 235-287. Além disto, Response to professor

reeditados nos volumes 12 e 28 de *The Collected Works of Eric Voegelin*. Alguns desses ensaios, junto com outros não mencionados aqui, tiveram, num momento ou noutro, sua possível inclusão neste volume cogitada, mas tal intenção modificou-se à medida que a concepção do livro em si modificou-se no pensamento do autor, e não há como saber ao certo como o livro teria aparecido se o próprio Voegelin houvesse vivido para vê-lo impresso. É evidente, no entanto, que "The beginning and the beyond" e "Wisdom and the magic of the extreme", junto com "Quod Deus Dicitur", pertencem ao mesmo horizonte meditativo do manuscrito aqui publicado.

Quando se lançou em sua investigação, mais de trinta anos antes, a teoria da ordem e da história que Voegelin esperava encontrar mediante o estudo da história da ordem foi assumida, como rememoramos, segundo a convicção de que a interpretação das experiências da transcendência constitui o âmago do filosofar. Com a devida ressalva da riqueza e da sutileza da análise que examina cuidadosamente a realidade multifacetada da política, da historiografia e das irrupções espirituais como grandes estruturas inextricavelmente vinculadas entre si no processo da realidade e requerendo um tratamento equilibrado numa filosofia da consciência e da história, conforme enfatizado no volume IV, o âmago do assunto permanece nas experiências de transcendência. E uma teoria plenamente elaborada emergiu numa vigorosa apresentação que transforma os termos deste debate assim como foram transformados pelo abandono da concepção original do próprio livro. O campo pluralista da história da humanidade universal forçou o abandono da obra originalmente planejada em seis volumes, refletindo uma concepção não linear da história e da consciência em desdobramento. Os estágios de diferenciação teórica anunciados em *The new science of politics* em 1952, que passam do cosmológico ao antropológico e ao soteriológico, já estavam no pano de fundo quando do aparecimento de *Israel e a revelação* em 1956. A nítida distinção entre as experiências de revelação e as experiências pneumáticas refletidas no Antigo Testamento e na cristandade como Deus em busca do homem — em contraste com as da filosofia ou com as experiências noéticas, quando a ênfase recai no homem em busca de Deus — tornou-se menos marcada. Descobriu-se que a revelação e a

Altizer's "A new history and a new but ancient God?", *Journal of the American Academy of Religion* 43 (1975) 765-772. Todos estes ensaios foram reeditados em *Published essays, 1966-1985*, ed. Ellis Sandoz, v. 12 de *The collected works of Eric Voegelin*, Columbia, University of Missouri Press, [2]1999. A série será daqui em diante abreviada como *CW*.

razão não podiam ser tão separadas, pois, com efeito, a razão era ela mesma uma revelação na psique dos filósofos gregos, especialmente em Platão, e aquela análise noética era comum ao Novo Testamento e à filosofia. Ademais, embora tenha sido advertido no primeiro parágrafo do livro, como observamos, a linguagem da coisidade e dos sujeitos cognitivos apreendendo objetos, ainda que entendida metaforicamente, persiste muito presente numa análise que habitualmente identifica a realidade imanente e a realidade transcendente como entidades, talvez como o homem em busca de Deus, ou Deus em busca do homem. A "falácia intencionalista" ainda espreita nos bastidores, deformando a experiência. Para superá-la, é preciso desenvolver a filosofia da consciência, e, em seu interior, as dimensões ôntica e cognitiva das próprias experiências têm de ser analisadas.

Mas onde e como? *Somente* na consciência concreta das pessoas concretas nas quais as experiências alcançam articulação. Voegelin salienta repetidamente, como nos comentários sobre o *Banquete* previamente citados, que "a tensão erótica não se encontra em algum lugar esperando para ser investigada por alguém que tropece nela". Pode-se consultar o restante da passagem. Nisto reside a única e preciosa fundamentação na evidência empírica da ciência noética, da compreensão reflexiva crítica da realidade, obtenível no tipo de visão meditativa e imaginativa chamada filosofia, de acordo com o significado que o termo tem em Platão. Em "The beginning and the beyond", após considerar os casos concretos de uma variedade de horizontes contemplativos, incluindo o védico, o filosófico, o profético e o apostólico, Voegelin sintetiza:

> Eu rastreei a consciência da linguagem por meio de numerosos casos representativos no período das grandes diferenciações. As variantes da consciência vão da irrupção védica da realidade abrangente no discurso autoiluminador até a emergência da palavra a partir da *Metaxy* da psique, depois à sua emergência a partir do encontro pessoal do profeta com Deus e sua transformação imaginativa na palavra ambígua das escrituras e, por fim, à epifania de Cristo com sua noção do homem como o parceiro atuante, sofredor e, finalmente, vitorioso, num processo em que a realidade se torna luminosa por seu mistério divino por meio da verdade da linguagem. Embora as variantes abarquem um leque amplo na escala da compacidade e da diferenciação, todos os espiritualistas que passam pela experiência concordam quanto ao caráter sagrado de uma linguagem na qual a verdade da realidade divina torna-se articulada. A experiência e a linguagem da verdade estão juntas como partes de um processo que deriva seu caráter sagrado do fluxo da presença divina no interior dele mesmo. Agora será possível conferir precisão a algumas das noções implicadas no processo conforme este se apresenta empiricamente.

O mais grave obstáculo a uma compreensão apropriada da experiência [...] é a propensão a hipostasiar. O objeto no mundo da percepção sensorial tornou-se tão forçosamente o modelo das "coisas" que ele se introduz inadvertidamente na compreensão das experiências que não concernem a objetos, mas ao mistério de uma realidade na qual os objetos do mundo exterior serão encontrados entre outras "coisas". A experiência da realidade divina, é verdade, ocorre na psique de um homem que está solidamente enraizado por seu corpo no mundo exterior, mas a psique em si existe na *Metaxy*, na tensão rumo ao fundamento divino do ser. É o sensório para a realidade divina e o lugar de sua presença luminosa. Mais ainda, é o lugar no qual a realidade abrangente se torna luminosa para si mesma e gera a linguagem na qual falamos sobre uma realidade que abrange um mundo exterior e o mistério de seu Princípio e de seu Além, assim como a psique metaléptica na qual a experiência ocorre e gera sua linguagem. Na experiência, não só a verdade da realidade divina se torna luminosa, mas, ao mesmo tempo, a verdade do mundo na qual a experiência ocorre. Não há um mundo "exterior" ou "imanente" a menos que seja reconhecido como tal por sua relação com algo que é "interior" ou "transcendente". Termos tais como *imanente* e *transcendente*, *exterior* e *interior*, ou expressões como *este mundo* e *o outro mundo*, e assim por diante, não denotam objetos ou suas propriedades, mas são os índices da linguagem provenientes da *Metaxy* quando ocorre o evento em que ela se torna luminosa para a realidade abrangente, sua estrutura e sua dinâmica. Os termos são exegéticos, não descritivos. Eles indicam os movimentos da alma quando ela, na *Metaxy* da consciência, explora a experiência da realidade divina e tenta encontrar a linguagem que articulará seus movimentos exegéticos. Por conseguinte, a linguagem e sua verdade gerada pelo evento não se referem a um objeto externo, mas são a linguagem e a verdade da realidade quando se torna luminosa na consciência do homem. Em outra ocasião concentrei esse problema na seguinte asserção: o fato da revelação é o seu conteúdo [Cf. *NSP*, 78].

Uma vez que a experiência não possui conteúdo a não ser ela mesma, o milagre da realidade irrompendo na linguagem de sua verdade passará ao centro de atenção quando a consciência se diferenciar suficientemente para se tornar luminosa por seus próprios movimentos. A linguagem da verdade sobre a realidade tende a ser historicamente reconhecida como a verdade da linguagem na realidade. Uma fase importante nesse processo é representada pela cosmogonia do Gênesis. Na estória da criação, o cosmos — com sua hierarquia do ser que vai desde o universo inorgânico, passando pela vida vegetal e animal e chegando até o homem — é pronunciado na existência por Deus. A realidade é uma estória proferida na linguagem criadora de Deus; e, em uma de suas figuras, no homem que é criado à imagem de Deus, a realidade responde ao mistério da palavra criadora com a verdade da estória da criação. Ou, inversamente, pelo lado humano, a realidade divina tem de ser simbolizada de maneira análoga como a palavra criadora de Deus porque a experiência gera para sua expressão a palavra imaginativa do mito cosmogônico. A realidade é um ato de mitopoese divina que se torna luminosa por sua verdade quando evoca o mito responsivo a partir da experiência do homem. Essa correlação perfeita entre a linguagem da verdade e a verdade da linguagem na realidade [...] é a marca distintiva da estória da criação[2].

Talvez esta citação proporcione ao leitor uma perspectiva que melhore a acessibilidade do livro a seguir, mesmo que se trate de um primeiro contato com Voegelin. A primeira meditação do livro, "O princípio do princípio", volta-se para uma exploração do Gênesis e se desdobra numa análise do paradoxo da consciência e do complexo consciência–realidade–linguagem como a estrutura da experiência simbolizada imaginativamente, atentando para a verdade e sua deformação. Depois, em "Distância reflexiva *versus* identidade reflexiva", investigam-se as forças deformadoras e formadoras em vigor na filosofia moderna, com particular atenção a Hegel e à revolução alemã da consciência. Em seguida, o livro trata de Hesíodo e do esforço de Platão por uma linguagem da consciência existencial, especialmente como apresentada no *Timeu*.

A descoberta e o refinamento que Voegelin faz do conteúdo da verdade articulado por milênios, numa atividade cujos termos podem ser aplicados de modo reflexivo a si mesma como realidade que se torna luminosa em nosso próprio presente, foram certa vez caracterizados para mim nas seguintes palavras: "Desde meu primeiro contato com obras como *Cloud of unknowing*, até minha recente compreensão do problema místico [...], a grande questão [foi]: não parar naquilo que pode ser chamado de misticismo clássico, mas restabelecer o problema da *Metaxy* para a sociedade e a história"[3]. Esta introdução ao volume V terá servido a este propósito se algo da forma final do trabalho de restabelecimento de Voegelin houver sido exposto nestas páginas cuja adequação depende de minha colaboração com o autor em tentar relembrar o que não deve ser esquecido.

ELLIS SANDOZ

---

2 "The beginning and the beyond", in *What is history?* And other late unpublished writings, ed. Thomas A. HOLLWECK, Paul CARINGELLA, v. 28 de *CW*, 184-186.

3 Eric Voegelin a Ellis Sandoz, 30 de dezembro de 1971, in *Eric Voegelin Papers*, Hoover Institution Library, Stanford University, box 27.10.

Capítulo 1

O princípio do princípio

§1 Onde principia o princípio

À medida que registro estas palavras numa página vazia principio a escrever uma sentença que, quando terminada, será o princípio de um capítulo sobre determinados problemas referentes a Princípio.

A sentença está terminada. Mas é verdadeira?

O leitor não sabe se é verdadeira até que tenha terminado de ler o capítulo e possa julgar se é de fato um sermão sobre a sentença conforme seu texto. Nem eu mesmo sei até agora, pois o capítulo ainda não está escrito; e, embora eu tenha uma ideia geral acerca de sua construção, sei também, por experiência, que novas ideias têm o hábito de emergir durante o curso da escrita, forçando a modificações na construção e tornando o princípio inapropriado. A menos que queiramos nos deleitar com um fluxo de consciência ao modo de Stern, o texto não tem princípio até que tenha chegado ao fim. Então, o que viria primeiro: o princípio ou o fim?

O que vem primeiro não é o princípio nem o fim. Antes, a questão aponta para um todo, algo denominado "capítulo", com uma variedade de dimensões. Esse todo possui uma extensão no espaço como um corpo de letras escritas ou impressas na forma de páginas. Tem ainda uma dimensão temporal no processo de ser escrito ou de ser lido. E, por fim, tem uma dimensão de sentido, nem espacial nem temporal, no processo existencial da busca da verdade na qual tanto o leitor como o escritor estão envolvidos. Seria então o todo, com suas dimensões espaciotemporal e existencial, a resposta à questão "O que vem primeiro?"?

O todo como unidade literária chamada "capítulo" tampouco é a resposta. Com seu caráter de capítulo num livro, o todo aponta para além de si mesmo, aos intricados problemas da comunicação entre leitor e escritor. O propósito do livro é ser lido; é um evento num vasto campo social de pensamento e linguagem, de escrita e leitura sobre questões que os membros do campo creem ser de interesse para sua existência na verdade. O todo não é o princípio num sentido absoluto; não é princípio de nada a menos que tenha uma função numa comunhão de preocupação existencial; e a comunhão de interesse como um campo social depende, para sua existência, da comunicabilidade do interesse por meio da linguagem. Novamente somos remetidos, o leitor e eu, às palavras, pois elas começaram antes que eu começasse a pô-las no papel. Estava a palavra no princípio, afinal?

Ora, a fim de transmitir seu significado, o capítulo tem de ser inteligível. Ele tem de ser redigido numa linguagem comum ao leitor e ao escritor — neste caso, o inglês[1] —, e essa linguagem tem de ser escrita de acordo com os padrões contemporâneos de emprego das palavras, da gramática, da construção frasal, da pontuação, dos parágrafos, de modo que o leitor não encontre obstáculos impróprios ao seu esforço de compreensão do sentido do capítulo. Mas isso não é suficiente, pois o capítulo não é uma informação sobre objetos familiares do mundo exterior; antes, procura comunicar um ato de participação na busca da verdade. Além de satisfazer a padrões de inteligibilidade no sentido cotidiano de referência a objetos, a linguagem tem de ser comum no sentido de comunicar os significados na área da busca existencial; ela tem de ser capaz de transmitir os significados da experiência de um filósofo, de sua meditação e de sua análise exegética. Essa linguagem do filósofo, porém, também não começa com o presente capítulo, mas foi estruturada por uma história milenar da busca da verdade por parte dos filósofos, uma história que não parou em algum ponto do passado, mas que prossegue no esforço presente entre leitor e escritor. O campo social constituído pela linguagem do filósofo não se limita portanto à comunicação por meio da palavra falada e escrita entre contemporâneos, mas se estende historicamente a partir de um passado distante, passando pelo presente e encaminhando-se ao futuro.

---

[1] E, no caso especial desta edição, tem de ser traduzido numa linguagem comum ao leitor do país em que se edita o livro que ora se lê — neste caso, o português. (N. do E. bras.)

§2 O paradoxo da consciência

Até agora, o Princípio vagueou desde o início do capítulo até o seu fim, do fim do capítulo até o seu todo, do todo ao idioma como meio de comunicação entre leitor e escritor, e do processo de comunicação em inglês [e português] até uma linguagem dos filósofos que possibilita a comunicação entre os participantes no processo milenar de busca da verdade. Contudo, o caminho do princípio ainda não alcançou o fim que seria inteligível como seu verdadeiro princípio, pois o aparecimento de uma "linguagem dos filósofos" suscita novas questões concernentes a um problema que começa a se afigurar mais como um complexo de problemas. Há algo peculiar a respeito da "linguagem dos filósofos": para ser inteligível ela tem de ser falada numa das várias linguagens étnicas, imperiais e nacionais que se desenvolveram desde a Antiguidade, embora não pareça ser idêntica a nenhuma delas; e todavia, embora não seja idêntica a nenhuma das numerosas linguagens antigas e modernas nas quais foi falada, todas elas deixaram, e continuam a deixar, seus traços específicos de significado na linguagem usada no presente capítulo, linguagem esta que pretende ser compreendida. Mas então, mais uma vez, a busca da verdade, em seu curso milenar, desenvolveu, e continua a desenvolver, uma linguagem própria. Qual é a estrutura da realidade que induzirá, quando experimentada, a esse uso equívoco do termo "linguagem"?

O equívoco é induzido pela estrutura paradoxal da consciência e de sua relação com a realidade. Por um lado, falamos da consciência como algo situado nos seres humanos em sua existência corpórea. Com relação a essa consciência concretamente corporificada, a realidade assume a posição de um objeto tencionado. Ademais, por sua posição como objeto tencionado por uma consciência que está corporalmente situada, a própria realidade adquire um toque metafórico de coisidade externa. Usamos essa metáfora em expressões tais como "ter consciência de alguma coisa", "relembrar" ou "imaginar alguma coisa", "pensar sobre alguma coisa", "estudar" ou "explorar alguma coisa". Por conseguinte, denominarei essa estrutura da consciência sua intencionalidade, e a correspondente estrutura da realidade, sua coisidade. Por outro lado, sabemos que a consciência corporalmente situada é também real; e essa consciência concretamente situada não pertence a outro gênero de realidade, mas faz parte da mesma realidade que passou, em sua relação com a consciência do homem, para a posição de uma realidade-coisa. Nesse segundo sentido, portanto, a realidade não é um objeto da consciência, mas o algo no qual a consciência ocorre como um evento de participação entre parceiros na comunidade do ser.

Na experiência complexa, que está agora em processo de articulação, a realidade passa da posição de um objeto tencionado para a posição de um sujeito, enquanto a consciência do sujeito humano tencionando objetos passa para a posição de um evento predicativo na "realidade" do sujeito quando ela se torna luminosa para sua verdade. A consciência tem portanto o aspecto estrutural não só da intencionalidade, mas também da luminosidade. Além disso, quando a consciência é experimentada como um evento da iluminação participativa na realidade que abrange os parceiros no evento, ela tem de ser situada não num dos parceiros, mas na realidade abrangente; a consciência tem uma dimensão estrutural em virtude da qual pertence não ao homem em sua existência corpórea, mas à realidade na qual o homem, os outros parceiros na comunidade do ser e as relações participativas entre eles ocorrem. Se a metáfora espacial ainda for permitida, a luminosidade da consciência está situada em algum lugar "entre" a consciência humana na existência corpórea e a realidade tencionada em seu modo de coisidade.

O discurso filosófico contemporâneo não possui uma linguagem convencionalmente aceita para as estruturas que acabamos de analisar. Por conseguinte, para denotar o *status* intermediário da consciência, usarei a palavra grega *metaxy*, desenvolvida por Platão como o termo técnico em sua análise da estrutura. Até onde sei, para denotar a realidade que abrange os parceiros no ser, isto é, Deus e o mundo, o homem e a sociedade, ninguém desenvolveu nenhum termo técnico. Observei, no entanto, que os filósofos, ao introduzir-se incidentalmente nessa estrutura em sua exploração de outros assuntos, têm o hábito de se referir a ela por um neutro "isso". O Isso a que se refere aqui é o misterioso "isso" que também ocorre na linguagem cotidiana em frases do tipo "chove"[2]. Assim, usarei a denominação "realidade-Isso", enquanto distinta da realidade-coisa.

O uso equívoco da palavra "linguagem" apontou para uma experiência da realidade que teria de se expressar por esse uso, e em seguida a busca passou à estrutura da consciência como a experiência que gera a equivocação. Mas seria essa resposta um passo na direção do Princípio? À primeira vista, mais parece uma expansão das equivocações. Há uma consciência com dois sentidos estru-

---

[2] Em inglês, no original, *it rains*. Em português este sujeito é inexistente. (N. do. E. bras.)

turais, a ser distinguidos como intencionalidade e luminosidade. Há uma realidade com dois sentidos estruturais, a ser distinguidos como a realidade-coisa e a realidade-Isso. A consciência, portanto, é um sujeito tencionando a realidade como seu objeto, mas, ao mesmo tempo, é alguma coisa numa realidade abrangente, e a realidade é o objeto da consciência, mas, ao mesmo tempo, o sujeito do qual se predica a consciência. Em que ponto, nesse complexo de equívocos, encontramos um princípio?

§3 O complexo consciência–realidade–linguagem

Não há de fato um princípio a ser encontrado nessa ou naquela parte do complexo; o princípio só se revelará se o paradoxo for tomado a sério como o algo que constitui o complexo como um todo. Esse complexo, entretanto, como mostra a expansão das equivocações, inclui a linguagem e a verdade, junto com a consciência e a realidade. Não há uma linguagem autônoma, não-paradoxal, pronta para ser usada pelo homem como um sistema de signos quando ele deseja se referir às estruturas paradoxais da realidade e da consciência. As palavras e seus significados fazem parte da realidade à qual se referem tanto quanto as coisas existentes fazem parte da realidade abrangente; a linguagem participa do paradoxo de uma busca que faz que a realidade se torne luminosa para sua verdade mediante a busca da verdade como uma coisa cuidada. Essa estrutura paradoxal da linguagem fez que algumas questões, controvérsias e dificuldades terminológicas se tornassem constantes no discurso do filósofo desde a Antiguidade, sem que se chegasse a conclusões satisfatórias.

Uma de tais constantes é a grande questão de se a linguagem é "convencional" ou "natural". A opinião convencionalista, a mais em voga atualmente, é levada, pela intencionalidade da consciência e a correspondente realidade-coisa, a ver as palavras como signos fônicos escolhidos de modo mais ou menos arbitrário para se referirem a coisas. Os naturalistas orientam-se pela noção de que os signos têm de ter algum tipo de realidade em comum com as coisas às quais se referem, caso contrário não seriam inteligíveis como signos com determinados significados. Ambas as opiniões têm fundamento precário, pois seus adeptos não estavam presentes quando a linguagem se originou, enquanto os homens que estavam presentes não deixaram registros do evento, mas apenas a própria linguagem. Segundo meu entendimento da questão, ambos os grupos estão certos em suas motivações, assim como em suas tentativas de explorar as condições incidentais da origem da linguagem e de seu significado; e no entanto ambos estão errados, na medida em que negligenciam o fato de que a epifania das estruturas na realidade — sejam elas átomos, moléculas, genes, espécies biológicas, raças, a consciência humana ou a linguagem — é um mistério inacessível a uma explicação.

Outra das constantes mencionadas é a distinção entre "conceito" e "símbolo", com a dificuldade de atribuir significados precisos aos termos. Esse problema afligiu o discurso dos filósofos desde que Platão o reconheceu e, na prática de seu próprio filosofar, lidou com ele usando tanto a análise conceitual como a simbolização mítica como modos complementares de pensamento na busca da verdade. Nos chamados séculos modernos, desde o Renascimento, essas dificuldades agravaram-se ainda mais devido ao desenvolvimento paralelo das ciências naturais e históricas. Por um lado, o avanço das ciências naturais concentrou intensamente a atenção nos problemas particulares de conceitualização por elas apresentados, de modo com efeito tão intenso que a concentração acabou por se tornar a força motivadora de um movimento socialmente crescente de sectários que pretendiam monopolizar o significado dos termos "verdade" e "ciência" restringindo-os aos resultados e métodos das ciências matematizantes. Por outro lado, o avanço igualmente surpreendente das ciências históricas concentrou a atenção nos problemas de simbolização suscitados pelas descobertas efetuadas nas antigas civilizações e em suas mitologias, assim como pela exploração dos modos de pensamento encontrados nas sociedades tribais contemporâneas. Novamente, os dois tipos de concentração são transparentes para as experiências de intencionalidade e luminosidade, da realidade-coisa e da realidade-Isso por trás delas; novamente os representantes de ambas as concentrações estão certos em sua busca da verdade, na medida em que se confinam a áreas da realidade nas quais as estruturas de sua preferência predominam; e, novamente, estão errados ao se envolver em sonhos mágicos de uma verdade que só pode ser alcançada mediante a concentração exclusiva seja na intencionalidade da ciência conceitualizadora, seja na luminosidade dos símbolos míticos e da revelação.

Da análise emerge o complexo consciência–realidade–linguagem como algo que recebe seu caráter como unidade por meio da presença disseminada de outro algo, denominado paradoxo da intencionalidade e da luminosidade, da coisidade e da Issoidade. Em que sentido, porém, seria esse complexo o princípio que nós — o leitor e eu — procuramos sem o havermos encontrado até agora? E o que são os termos e expressões tais como "complexo", "paradoxo" e "presença disseminada"? Seriam conceitos tencionando uma realidade-coisa ou seriam eles símbolos expressando a realidade-Isso? Ou seriam ambas as coisas? Ou talvez não sejam mais que elementos de um discurso vazio? Todas essas coisas realmente existem em algum lugar como um complexo significativo a não ser na fantasia da presente análise? O que é preciso para abrandar esse tipo de questão é um documento literário, um caso concreto, que demonstre inteligivelmente a coexistência das estruturas na unidade do complexo, assim como o significado desse complexo como um "princípio". Com esse propósito, apresentarei um dos casos clássicos em que o Princípio tem seu início precisamente com o complexo de estruturas aqui analisado, o caso de Gênesis 1.

§4 O princípio de Gênesis 1

Em Gênesis 1,1, lemos: "No princípio, Deus criou o céu e a terra"[3]. Dificilmente podemos nos aproximar mais do princípio real de qualquer coisa do que no ato original de criar tudo. Mas o que é a criação? E como Deus procede quando cria? Gênesis 1,3 nos dá essa informação: "Deus disse: 'Haja luz', e houve luz", ou, na tradução mais literal de Buber-Rosenzweig, "Deus falou: 'Que a luz seja!', e a luz veio a ser". A realidade luz aparece nesse versículo quando a injunção divina a invoca, em sua luminosidade existencial, chamando-a por seu nome. A palavra pronunciada, ao que parece, é mais que um mero signo que significa algo; é um poder na realidade que evoca estruturas na realidade mediante sua nomeação. Esse poder mágico da palavra pode ser discernido ainda mais claramente em Gênesis 1,5 (na tradução Buber-Rosenzweig): "Deus chamou à luz 'Dia' e à treva chamou 'Noite'. E passaram a existir uma noite e uma manhã: um Dia".

Contudo, o poder da palavra criadora ainda não é o verdadeiro princípio que procuramos, pois a narrativa do processo criador está inerentemente incompleta. Ele forçosamente suscita questões tais como: A quem se dirigem as ordens divinas? e Quem é o Deus que as profere?, ou Qual é o tipo de realidade em que a palavra proferida evoca as estruturas da qual fala? Na situação criada por essas questões, um recurso a concepções teológicas da "revelação" seria de

---

3 A não ser quando informada outra fonte, as citações bíblicas utilizadas pela tradução são reproduzidas da Bíblia de Jerusalém, São Paulo, Paulus, 2002. (N. da T.)

pouca utilidade, pois mesmo uma revelação tem de fazer sentido como uma palavra proferida ou escrita, uma palavra ouvida ou vista, para que a mensagem revelada pela palavra seja inteligível. Os autores do capítulo 1 do Gênesis, como preferimos assumir, eram seres humanos do mesmo tipo que nós; eles tinham de enfrentar o mesmo tipo de realidade, com o mesmo tipo de consciência que nós; e quando, na busca da verdade, registraram suas palavras em algum material tiveram de suscitar — e lidar com — as mesmas questões que confrontamos quando escrevemos as nossas palavras. Na situação criada pela questão "Qual é o tipo de realidade em que a palavra proferida evoca as estruturas da qual fala?" eles tiveram de encontrar os símbolos da linguagem que expressassem adequadamente a experiência e a estrutura daquilo que denominei realidade-Isso. Como eles o fizeram? A resposta é dada por Gênesis 1,2: "A terra estava vazia e vaga; as trevas cobriam o abismo; e um sopro de Deus agitava a superfície das águas". Sobre um vazio, sobre uma desolação amorfa se move, talvez como uma tempestade, o sopro ou o espírito, o *ruah*, de Deus, ou antes, de uma divindade plural, *elohim*. A realidade-Isso é portanto simbolizada como o movimento enérgico de uma consciência espiritual, impondo forma a um contramovimento amorfo e não formativo, como a tensão entre uma força pneumática, formativa (*ruah*; na tradução grega posterior: *pneuma*), e uma contraforça no mínimo passivamente resistente. Além disso, a tensão no Isso definitivamente não é a tensão de uma consciência humana em sua luta com a realidade por sua verdade; é reconhecida como um processo não humano, a ser simbolizado como divino; e, contudo, ela tem de portar uma aura de analogia com o processo humano porque o homem experimenta seus próprios atos, tais como a busca da verdade, como atos de participação no processo do Isso. Quando os autores de Gênesis 1 escreveram as primeiras palavras de seu texto, estavam conscientes de começar um ato de participação no misterioso Princípio do Isso.

Digressão sobre alguns mal-entendidos convencionais

Na atmosfera intelectual de nossa época, as tensões experimentadas pela consciência, sua expressão por meio de símbolos e sua exploração diferenciadora estão expostas a certos mal-entendidos. Neste ponto será prudente mencionar alguns deles; prevenindo-os, será possível esclarecer ainda mais a estrutura da presente investigação:

(1) Uma fonte de mal-entendidos são as várias psicologias de projeção. O simbolismo de Gênesis 1 não deve ser erroneamente interpretado como um "antropomorfismo", ou como a projeção de uma consciência humana numa consciência divina, e tampouco seria admissível a interpretação oposta de um "teomorfismo", ou uma projeção da consciência divina na consciência humana. Por princípio, os polos de uma tensão que se experimenta não devem ser deformados em entidades existentes separadamente da própria tensão experimentada; a estrutura a ser explorada é a tensão em si — ela não deve ser fragmentada com o propósito de se usar um dos polos como base de uma psicologização engenhosa. Isso não significa dizer que as projeções não ocorram realmente; pelo contrário, elas ocorrem com muita frequência, mas como fenômenos secundários, sejam elas a humanização dos deuses ou a divinização dos homens. Um desses fenômenos é a divinização feuerbachiana-marxiana do homem com o propósito de explicar a realidade divina como uma projeção humana que, se voltada novamente para o homem, produzirá a humanidade plena. Tais acusações não podem porém ser dirigidas contra uma busca pneumaticamente diferenciada do Princípio, como o capítulo 1 do Gênesis, pois todo homem é realmente consciente de participar num processo que não principia com os participantes, mas com o Isso misterioso que abarca a todos.

(2) A presente análise não deve ser erroneamente entendida como uma contribuição às grandes empreitadas historiográficas de religião comparada e mitologia comparada. Os resultados historiográficos estão pressupostos e são aceitos com gratidão, mas no presente contexto estão submetidos a uma análise filosófica. Não seria frutífero — antes, desviaria a atenção das características do capítulo 1 do Gênesis — que nos entregássemos a uma extensa exposição das "influências", como os antecedentes egípcios e babilônicos dos símbolos míticos empregados. O conhecimento de tais antecedentes é certamente da maior importância para a compreensão da situação histórica dos autores, do ambiente cultural no qual circulavam e da linguagem que tinham de falar em sua própria incumbência mitoespeculativa. Esse conhecimento, porém, é agora submetido à categorização nos termos da linguagem dos filósofos. Além disso, a "linguagem dos filósofos" parece ter o hábito de multiplicar linguagens tão logo toca os materiais históricos. Tivemos de falar de uma linguagem do "mito", de "mitoespeculações" no interior de uma linguagem mítica geral — agora, porém, temos de falar do capítulo 1 do Gênesis como uma "mitoespeculação pneumaticamente diferenciada", caso queiramos entender o uso diferenciado ao qual a linguagem do mito foi submetida no Gênesis, criando

mediante esse uso uma nova linguagem para novas concepções. Essa multiplicidade de linguagens tem de ser aceita como uma estrutura na história da busca da verdade. As linguagens são todas reconhecíveis e inteligíveis como linguagens porque, em seus diversos modos de compacidade e diferenciação experiencial, todas simbolizam as mesmas estruturas da consciência que, num modo mais diferenciado, são simbolizadas na busca da verdade pelo filósofo. Sua pluralidade, nos paralelos e nas sequências da multiplicidade, revela a linguagem como uma parte integrante do complexo consciência–realidade–linguagem, permeado pelo paradoxo da intensidade e da luminosidade, em seu desdobrar histórico da verdade da realidade. Os símbolos da linguagem desdobram-se como parte da verdade em desdobramento da realidade. Essa compreensão da linguagem por parte dos filósofos não deve ser confundida com a concepção dos linguistas da linguagem como um sistema de signos. Mas isso deve ser óbvio o bastante para não requerer maiores explicações.

(3) E, por fim, a análise não deve ser erroneamente compreendida como uma exegese doutrinal no sentido das teologias eclesiásticas posteriores. Não estamos interessados neste momento pela questão de se a doutrina de uma *creatio ex nihilo* é ou não é a interpretação mais apropriada do capítulo 1 do Gênesis; nem na questão milenar de por que uma criação que foi considerada "boa" por seu Criador deveria requerer intervenções de salvação para redimi-la de seu mal. Antes, estamos interessados na experiência do Isso que foi simbolizada pelos autores do Gênesis — e eles experimentaram o Princípio como uma evocação, pela força da palavra pneumática, da forma na realidade a partir de uma desolação amorfa e destituída de estrutura. Essa desolação amorfa tem então de ser protegida contra os mal-entendidos convencionais de uma mente modernista que está acostumada a pensar na realidade-Isso nos termos da realidade-coisa, pois essa desolação amorfa não é o nada nem o não-nada: (a) Não é o nada, pois se fosse nada nenhuma evocação criadora de algo seria necessária; a realidade formada já estaria lá. (b) E, no entanto, ela é nada, se por algo nos referimos a alguma estrutura experienciada como real na realidade pós-criacional; a desolação amorfa não é uma "matéria" sobre a qual o Criador pneumático opera, se por "matéria" entende-se qualquer coisa que chamemos de matéria na vida cotidiana ou na física. O simbolismo desse material pré-criacional, que não é uma matéria estruturada pós-criacional, talvez se torne mais próximo de nossa compreensão ao recordarmos que nosso termo "matéria" deriva do latim *materia*, que por sua vez deriva de *mater*, a realidade maternal originalmente geradora. A desolação amorfa (*tohu*) do Gênesis preser-

vou, provavelmente por meio de sua relação com o *tiamat* babilônico, o significado mítico de produtividade feminina no ato de geração. Mas então, novamente, o elemento de informação histórica não deve ser usado para interpretar erroneamente a estória do Gênesis como uma versão "sublimada" da criação por meio de um ato sexual, talvez pela imposição de alguma interpretação psicanalítica. Uma interpretação reducionista desse tipo destruiria tanto a realização diferenciadora do Gênesis como o significado do mito, pois os autores do Gênesis, tendo diferenciado a força formativa no Isso como o poder evocativo do espírito e de sua palavra, tinham de diferenciar uma desolação amorfa sobre o abismo como o receptor correlato da ordem formativa, se quisessem compreender o Isso como o Princípio de seu esforço pela ordem espiritual no homem, na sociedade e na história. Ao diferenciar o esforço pneumático como o Princípio da misteriosa epifania de toda estrutura na realidade, porém, eles revelaram a presença de sua consciência na linguagem compacta de mitoespeculações anteriores sobre o Princípio, como as diversas cosmogonias, antropogonias e teogonias. Se estas questões fundamentais forem obscurecidas por mal-entendidos convencionais, perderemos a compreensão do Gênesis como um dos grandes documentos no processo histórico da passagem das linguagens compactas para as linguagens diferenciadas. Se perdermos essa compreensão, perderemos também o horizonte histórico mais amplo dos avanços diferenciadores, como, por exemplo, as equivalências entre a simbolização do Princípio no Gênesis e sua simbolização como a imposição da forma à *chora* informe no *Timeu* de Platão. E se perdermos o horizonte histórico mais amplo dos avanços perderemos, por fim, a possibilidade de reconhecer na diferenciação pneumática do Gênesis a presença compacta da estrutura noética da consciência, a presença do complexo consciência–realidade–linguagem.

A atmosfera de opinião contemporânea criou um campo social de poder considerável; qualquer um que ouse pensar no âmbito de sua pressão tem de contar com seus vários antagonismos ao pensamento. Os antagonismos não são inteiramente pensados; eles derivam sua força social do fato de terem se tornado habituais a ponto de serem automáticos. Assumindo que o leitor, em seu esforço de compreender a presente análise, esteja sob as mesmas pressões que eu ao conduzi-la e redigi-la, articulei, nas páginas precedentes, algumas das pressões inarticuladas sobre a busca da verdade em nossa época. Espero que o breve esboço seja suficiente, não apenas para alertar, mas para chamar a atenção para a questão geral, de modo que não se façam necessárias ulteriores interrupções da análise para esse propósito. Resumirei agora a análise até o ponto ao qual havia chegado antes desta digressão sobre os mal-entendidos convencionais.

§5 A verdadeira estória

Os autores de Gênesis 1, como afirmei, estavam conscientes de começar um ato de participação no misterioso Princípio do Isso ao escrever as primeiras palavras de seu texto. Como documento literário, o texto será datado em tempos pós-exílicos, em algum ponto entre o meio do século VI e o meio do século V a.C. O texto dá início a uma estória da humanidade desde o seu princípio na Criação, passando pela história dos Patriarcas, do cativeiro e do Êxodo, da povoação palestina, do império davídico-salomônico, dos reinos e sua catástrofe, do Exílio e do retorno, até o sonho do Dêutero-Isaías de um Israel universal, sob a orientação das alianças de Deus com o homem. Por intermédio de Israel, a história do homem continua o processo criacional da ordem na realidade; faz parte da estória abrangente do Isso; e o ponto ao qual a estória chega ao evento do Gênesis deriva seu significado da revelação da verdade que a epifania da estrutura na realidade culmina na harmonização da história humana com a injunção da Palavra pneumática.

A estória e a verdade que ela pretende transmitir são claramente comunicadas, mas o que significam a estória e sua verdade no que se refere à experiência e à simbolização?

A busca da verdade, ao que parece, não resulta em um fragmento de informação que teria estado disponível em outros momentos e em outras situações, ou que, quando encontrado, seria incondicionalmente válido em sua forma específica para todas as épocas futuras e em todas as situações futuras. O evento da busca faz parte de uma estória a ser relatada pelo inquiridor humano, caso queira articular a consciência de sua busca como um ato de participação na estória abrangente. A "estória" emerge então como o simbolismo que expressará a consciência do movimento e do contramovimento divino-humano na busca da verdade. Thomas Mann, um dos mais profundos conhecedores e praticantes da narração de estórias no século XX, simbolizou a metalepse divino-humana da estória na sentença final de seu romance sobre José: "E assim termina a belíssima estória e invenção de Deus sobre José e seus irmãos". Contar uma estória nesse sentido metaléptico do termo não é uma questão de escolha. A estória é a forma simbólica que o inquiridor tem de adotar necessariamente ao oferecer um relato de sua busca como o evento de arrancar, por meio da resposta de sua busca humana a um movimento divino, a verdade da realidade de uma realidade prenhe de verdade ainda não revelada. Ademais, a estória persiste sendo o simbolismo constante da busca, mesmo quando a tensão entre a estória divina e a estória humana é reduzida ao zero da identidade como na estória dialética narrada pelo *logos* autoidêntico do sistema hegeliano.

A partir da consciência da busca como um evento cuja estória tem de ser relatada como parte da estória da realidade tornando-se luminosa para sua verdade, resulta um considerável número de problemas com os quais se terá de lidar nos capítulos posteriores deste volume. No momento, temos de nos concentrar nas implicações para o problema do Princípio.

As grandes buscas da verdade nas quais a consciência da estória metaléptica se torna diferenciada — sejam uma busca sacerdotal do Gênesis com as buscas proféticas no pano de fundo, ou a busca judeu-cristã, ou a zoroástrica, a hinduísta e a budista, as buscas confucionista e taoista, ou, por fim, as buscas noéticas dos filósofos helênicos — não ocorrem num vácuo. Elas ocorrem em campos sociais, constituídas por experiências mais antigas da ordem e simbolizações de sua verdade, que os inquiridores experienciam agora como tendo caído na desordem e no declínio. A busca da verdade é um movimento de resistência à desordem prevalecente; é um esforço para reconciliar a existência concretamente desordenada com a verdade da realidade-Isso, uma tentativa de criar um novo campo social de ordem existencial em competição com os campos cuja pretensão de verdade tornou-se duvidosa. Se a busca for bem-sucedida em encontrar os símbolos que expressarão adequadamente a recém-diferenciada experiência da ordem, se ela então encontrar adeptos da nova verdade e formas duradouras para sua organização, poderá de fato se tornar o princípio de um novo campo social. O relato desses eventos pessoais e sociais, porém, não exaure a estória a ser contada; além disso, o estabelecimento bem-sucedido de um campo de ordem diferenciada cria novas estruturas na história por meio de suas relações com outros campos sociais, pois a busca, se tiver êxito, imporá aos campos mais antigos as características previamente não existentes de falsidade ou mentira; essa imposição provocará movimentos de resistência por parte dos adeptos da verdade mais antiga e mais compacta, assim como por parte dos descobridores das verdades alternativas tanto à antiga como à nova verdade. Confrontar-se-á, além disso, com os obstáculos sociais da obtusidade espiritual e da indiferença; e encontrará movimentos de ceticismo suscitados pela nova pluralidade de verdade. A busca, portanto, não é apenas seu próprio princípio. Ao reestruturar os campos sociais em grande escala em suas relações com a verdade da ordem, ela marca o princípio de uma nova configuração da verdade na história. Uma vez que a busca do inquiridor é acompanhada por sua consciência do evento como um princípio nas dimensões pessoal, social e histórica da ordem, o inquiridor efetivamente tem de narrar uma grande estória. É a estória de sua experiência da desordem, da resistência nele suscitada pela observação de casos concretos, de sua experiência de ser arrastado na busca da verdadeira ordem por uma injunção procedente da realidade-Isso, a estória de sua consciência da ignorância e do questionamento, de sua descoberta da verdade e das consequências da desordem irrestrita a respeito da ordem que experienciou e articulou. O evento como um princípio é a estória de uma tentativa de impor ordem a um baldio de desordem.

A estória da busca é a palavra que evoca a ordem a partir da desordem pela força de sua verdade. Mas de que modo o ouvinte reconhece que a estória é verdadeira, de modo que, pelo reconhecimento de sua verdade, seja forçado a reordenar sua existência? Por que ele deveria acreditar que a estória é verdadeira em vez de considerá-la a opinião particular de alguém acerca da ordem de sua preferência? Para indagações desse tipo, há somente uma resposta possível: para que a estória evoque com autoridade a ordem de um campo social, a palavra tem de ser proferida com uma autoridade reconhecível como tal pelos homens aos quais o apelo é dirigido; o apelo não possui autoridade como verdade a menos que fale com uma autoridade comumente presente na consciência de todos, por mais inarticulada, deformada ou suprimida que a consciência possa ser no caso concreto. Usando a distinção heraclítea do público e do privado, podemos dizer que o apelo não será mais que uma opinião privada (*idios*) a menos que o inquiridor encontre no curso de sua busca a palavra (*logos*) que efetivamente diga o que é comum (*xynon*) à ordem da existência do homem como um parceiro na realidade abrangente; somente se o inquiridor falar o *logos* comum da realidade poderá evocar uma ordem verdadeiramente pública. Ou, na linguagem do Gênesis, a estória da busca só terá a autoridade da verdade se estiver harmonizada com uma realidade abrangente que é ela mesma uma estória de evocação pneumática da ordem a partir da desordem.

O caráter de verdade, portanto, vincula-se à estória em virtude de sua estrutura paradoxal de ser tanto uma narrativa como um evento:

(1) Como narrativa, a estória da busca comunica descobertas na ordem da realidade pela linguagem no modo da intencionalidade. A narrativa humana refere-se à realidade tencionada no modo da coisidade.

(2) Como evento, a estória emerge da realidade-Isso; sua linguagem articula uma experiência na *metaxy* dos movimentos e contramovimentos divino-humanos. A estória é um evento no qual a realidade-Isso se torna luminosa para sua verdade. Sob o aspecto dessa segunda estrutura a linguagem da estória não é narrativamente referencial, mas luminosamente simbólica.

Contudo, embora essas estruturas da estória possam ser distinguidas, não devem ser hipostaticamente separadas. A estória que principia no capítulo 1 do Gênesis não deve ser hipostaticamente interpretada como uma narrativa contada por um Deus revelador ou por um ser humano inteligentemente imaginativo. Ela é ambas as coisas, pois não é nem uma coisa nem outra; e ela tem esse caráter paradoxal na medida em que não é uma simples narração de coisas, mas, ao mesmo tempo, um simbolismo no qual o princípio humano da ordem se torna translúcido para seu significado como um ato de participação no Princípio divino. A estrutura participativa do evento e o relato dele oferecido na estrutura referencial da narrativa são inseparavelmente unos na estrutura paradoxal da estória.

§6 A estória principia no meio

O princípio que estivemos tentando encontrar é por fim encontrado, mas, ao encontrá-lo, não chegamos a um fim da estória, pois a estória da busca só pode ser uma estória verdadeira caso o inquiridor participe existencialmente na estória abrangente contada pelo Isso por meio de sua epifania criadora da estrutura. Expresso de modo coloquial: a estória não pode começar a menos que comece no meio. Ademais, esse paradoxo se aplica não só à estória do Gênesis, escolhida como um exemplo em nossa análise, mas também à nossa própria análise, pois, em seu curso, o complexo consciência–realidade, com sua constituição paradoxal de intencionalidade-luminosidade, que apareceu primeiramente no modo de uma realidade-coisa a ser explorada, teve de ser alargado passo a passo até que a própria análise se tornasse parte do complexo paradoxal. Ele teve de ser alargado, primeiramente, por meio da inclusão de uma linguagem que é tanto conceitual como simbólica; o complexo então aumentou, expandindo-se para uma verdade dependente, para sua validade, da busca participativa da verdade; expandiu-se, em seguida, quando o simbolismo da estória se impôs, e a estória, por fim, passou ao simbolismo de um princípio que tem início no meio. À medida que a análise prosseguiu, o complexo cresceu sem perder seu caráter paradoxal; longe de terminar como uma coisa suficientemente analisada, ele atraiu a análise para sua órbita. A própria análise é paradoxal em sua estrutura.

O amplo campo de implicações vinculadas a uma análise que é paradoxal em estrutura nos ocupará depois. Mas as implicações que emergem mais imediatamente de um princípio que começa no meio concernem ao presente contexto. Será conveniente desdobrar as questões mais importantes partindo de sua formulação nos termos da experiência e da simbolização platônicas da *metaxy*:

(1) A estória da busca como o relato de um evento participativo não se origina nem se desenrola na dimensão temporal dos objetos externos nem na dimensão de uma eternidade, de um tempo divino fora do tempo, mas em algum lugar no Intermediário de ambos, isto é, na dimensão simbolizada por Platão como a *metaxy*. A partir desse fator, abre-se no paradoxo a visão sobre os problemas dos vários modos do tempo. O fator é uma das razões experienciais que levaram Platão a simbolizar o tempo como o *eikon* móvel da eternidade.

(2) A tensão entre o tempo e a eternidade, no entanto, não deve ser transformada num objeto autônomo do discurso filosófico, pois isso fragmentaria o complexo paradoxal hipostasiando a tensão participativa na desconsideração dos participantes nos polos da tensão. Com uma visão dos participantes, seria preciso dizer o contrário: a estória da busca é um verdadeiro princípio da ordem no tempo externo porque simboliza a experiência do inquiridor de ser impelido rumo à ordem pela realidade divina fora do tempo; a busca é uma erupção da ordem desde o além do tempo.

(3) Conforme se acentuam um ou outro dos fatores, a estória então começa no tempo ou não começa no tempo, e as duas posições contraditórias são igualmente verdadeiras quando entendidas como implicações do complexo. O paradoxo das verdadeiras contradições tem suas raízes no paradoxo de uma linguagem que fala no modo da realidade-coisa das coisas que não são coisas no sentido de objetos externos; e o paradoxo da linguagem faz parte do paradoxo de uma realidade-Isso tornando-se luminosa para sua verdade por meio de uma consciência que está fisicamente situada no corpo do homem embora esteja existencialmente situada na *metaxy* abrangente.

(4) Expressar o paradoxo de uma estória que começa no meio nos termos da *metaxy* platônica, entretanto, não pode ser a última palavra sobre a questão; se fosse, não teríamos de nos envolver numa busca própria, mas poderíamos simplesmente reeditar os diálogos de Platão; o mero fato de que nos referimos

à análise platônica no contexto de nossa própria análise sugere forçosamente que os problemas acerca do "meio" não foram exauridos pelo simbolismo da *metaxy*. Se a validade da estória depende de seu princípio no meio, então, para que nossa própria estória seja válida, é preciso que tenha também seu princípio no meio; e o meio no qual começamos como filósofos ocidentais quase no fim do século XX d.C. não é o meio no qual os autores do Gênesis tiveram de começar sua estória por volta de 500 a.C., nem é o meio no qual Platão desenvolveu seu simbolismo. Assim, ao conduzir nosso questionamento, encontramos uma pluralidade de meios, validando uma pluralidade de buscas, contando uma pluralidade de estórias, todas elas com princípios válidos.

§7 A pluralidade dos meios

A pluralidade dos meios, gerando uma pluralidade de estórias verdadeiras, foi observada como um fenômeno até onde remontam nossos registros escritos, no terceiro milênio antes de Cristo. E, até onde remonta a própria observação, ali se encontra também a multiplicidade das variadas respostas a ela — indo, em padrões convencionais, da tolerância à intolerância, da dúvida inquiridora à indiferença obtusa, das alegações imperiais dessa estória como a única verdade à aceitação diplomática da coexistência entre uma pluralidade de verdades, do ceticismo pragmático que se conformará à verdade dominante porque a ordem pacífica é preferível à perturbação da sociedade por parte de combatentes fanáticos pela verdade, passando por relativismos históricos que consideram a crescente pluralidade de meios uma prova conclusiva de que a busca da verdade é inútil, até os extremos do niilismo radical. Essas respostas convencionais, no entanto, embora confirmem, por sua recorrência milenar, a verdade da observação, pouco contribuem para a compreensão analítica da pluralidade de meios como uma estrutura na realidade. Temos agora de formular a questão em continuidade com nossas reflexões anteriores sobre o simbolismo da estória.

Se a verdade da estória da busca depende de que esta seja um evento na realidade abrangente, uma pluralidade de meios pode significar: (1) uma pluralidade de realidades abrangentes com uma correspondente pluralidade de meios, ou (2) uma pluralidade de episódios que ocorrem na mesma Isso-estória abrangente. A primeira possibilidade tem de ser descartada como desprovida de sentido, pois não temos experiência de uma realidade abrangente senão como sua abrangência com relação à realidade em seu modo de coisidade. A fantasia de múltiplas realidades-Isso transformaria o Isso em uma das coisas abrangidas e requereria outra realidade abrangente; a fantasia abandonaria a análise da consciência, com suas estruturas de intencionalidade e luminosidade, e, com a análise exegética, sua base experiencial. Se aceitarmos, então, a segunda possibilidade, teremos de aceitar a realidade de uma Isso-estória que se narra por meio dos acontecimentos das buscas participativas da verdade e, com sua realidade, as implicações do simbolismo paradoxal.

O inquiridor, ao oferecer o relato de sua busca participativa, está consciente de um Princípio além do princípio e de um Fim além do fim de sua estória. Mas onde encontramos a base experiencial para essa consciência de um Princípio e de um Fim maiusculizados além do princípio e do fim temporais da busca? A questão tem de ser suscitada, pois o "além" da sentença precedente obviamente não tem a função de uma preposição acrescentando ao passado e ao futuro do tempo no qual a estória é contada uma extensão de tempo exterior, mas, antes, um símbolo que expressa a participação da estória temporal na dimensão da realidade-Isso fora-do-tempo. Se esse for o caso, porém, como o inquiridor experimenta um Princípio e um Fim que, onde quer que estejam, certamente não estão no âmbito de sua experiência presente? O problema foi explorado por Platão no contexto helênico da experiência, e ele descobriu a enigmática consciência presente que validará a linguagem de um Princípio e de um Fim na própria estrutura da busca. Ademais, na exegese linguística da estrutura experimentada, ele desenvolveu o "além" prepositivo como o símbolo do Além divino-imortal, o *epekeina* de todas as coisas (*ta onta*) vivas, incluindo os deuses. A presença do Além divino, do *Nous* formativo, é experimentada como presente em todas elas (*pareinai*) como sua força criativamente formativa. O Além não é uma coisa além das coisas, mas a presença experimentada, a Parusia, da realidade-Isso formativa em todas as coisas. A Parusia do Além, experimentada no presente da busca, impõe portanto à dimensão do tempo externo, com seu passado, seu presente e seu futuro, a dimensão da presença divina. O passado não está simplesmente no passado, nem o futuro está simplesmente no futuro, pois ambos, passado e futuro, participam na presença do mesmo Além divino-imortal que é experimentado no presente da meditação participativa do inquiridor. Temos de falar, por conseguinte, de um fluxo da presença que confere a todas as fases — passado, presente e futuro — do tempo externo a dimensão estrutural de um presente indelével. O fluxo da presença é a experiência da Parusia do Além no tempo, o modo do tempo no qual o Isso narra seu conto por meio dos eventos da investigação metaléptica, conferindo-lhe o presente indelével; é o tempo do Isso-conto que exige expressão por meio do Princípio e do Fim maiusculizados quando a presença do Além for simbolizada no relato da busca do inquiridor.

A *metaxy*, portanto, permanece sendo o símbolo que expressa validamente a experiência da existência no Entre da realidade-coisa, incluindo a localização corpórea da consciência, e da Além-realidade, mas certas ramificações de seu significado são descobertas quando o Além se torna mais claramente diferenciado. Essas ramificações se estendem a todas as partes do complexo consciência–realidade–linguagem. Acima de tudo, o Além é entendido não como uma coisa entre coisas, mas é experimentado somente em sua presença formativa, em sua Parusia. Em relação ao Além imortal-divino, mesmo os deuses anteriormente imortais agora se tornam coisas que derivam sua imortalidade de sua contemplação da realidade verdadeiramente imortal do Além divino. Testemunhamos os princípios de uma compreensão dos "deuses" como uma linguagem que expressa a experiência da presença divina num modo mais compacto, e também como uma consciência de que a "imortalidade intermediária" dos deuses não se dissolve em nada quando os deuses são descobertos como uma linguagem compacta em relação à linguagem diferenciada do Além. Ademais, quando o Além é plenamente entendido como uma não-coisa, as coisas existentes afora os deuses podem ser plenamente compreendidas em sua coisidade. Elas adquirem uma "natureza", entendida como a forma que receberam como sua própria mediante a presença formativa do Além. No entanto, essa natureza das coisas, essa *rerum natura*, pode então se tornar, com respeito às suas características comparativamente estáveis, um tópico autônomo de exploração; com efeito, tão autônomo que sua origem na presença formativa do Além pode ser esquecida e uma Natureza maiusculizada virá a assumir as funções da realidade-Isso. Essas várias ramificações, e suas consequências milenares, ocupar-nos-ão em capítulos posteriores sobre a Parusia platônica e cristã, e sobre as transformações do símbolo Natureza. Por enquanto temos de nos concentrar nos problemas que surgem mais imediatamente para a estrutura da busca da verdade.

§8 Coisidade definida e diversificação indefinida

A distinção entre as coisas e um Além que confere a elas suas formas definidas perde a clareza que tem quando passamos dos objetos externos (artefatos e organismos são os exemplos de coisas preferidos por Aristóteles) para a área existencial da realidade na qual os símbolos das coisas e suas formas têm sua origem, isto é, para o complexo experiencial que se torna articulado no simbolismo consciência–realidade–linguagem. Esse complexo da experiência e da simbolização representa uma classe de coisas cujas estruturas são reconhecíveis mas não têm o caráter de formas definidas de coisas com um princípio e um fim no tempo. Deparamo-nos com um tipo de diversificação que não é o mesmo da relação definida, e definível, entre gênero e espécie, ou entre uma espécie e os indivíduos nela subsumidos, mas, antes, a de uma forma em processo de formação, ou em deficiência de formação, com um Princípio e um Fim fora do tempo. Tivemos de observar a diversificação peculiar do complexo por meio dos modos da compacidade e da diferenciação; a diversificação da compacidade por meio da linguagem do mito, por meio das construções mitoespeculativas de tipo cosmogônico, e por meio de mitoespeculações pneumaticamente diferenciadas; a ulterior diversificação dos tipos diferenciados de consciência por meio das ênfases experienciais sobre a irrupção divina do *pneuma* ou sobre a busca noética em resposta a um movimento divino; a diversificação desses vários tipos numa pluralidade de culturas étnicas; no interior das culturas étnicas, a diversificação por meio de personalidades e campos sociais; e, em resultado das diversificações pessoal e social, a criação de campos históricos diversificados da verdade. E, no entanto, esse campo indefinidamente diversificado, com sua pluralidade de princípios e fins, é definidamente reconhecível como um campo de linguagens, simbolizando inteligivelmente a verdade da realidade em conformidade com a estrutura reconhecível do complexo.

Mais ainda, no interior do campo de diversificação indefinida podem-se discernir linhas definidas de significado, como as linhas do progressivo conhecimento acerca do mundo das coisas e a crescente clareza acerca da realidade-Isso, a não menos importante dessas linhas tornando-se manifesta no simbolismo que nos permite distinguir as coisas e o Além das coisas. As linhas de significado, ademais, não ocorrem como fatos cegos para si mesmos, a ser descobertos como tais somente em retrospecto pelas gerações posteriores, mas ocorrem como eventos acompanhados da consciência de um avanço, que é ao mesmo tempo a consciência de uma busca prévia que não alcançou o avanço. Consequentemente, ambas as buscas passam a uma distância reflexiva em relação a uma consciência que se torna a fonte dos critérios pelos quais a verdade da busca será julgada. Por fim, os critérios realmente emergem da história da busca à medida que esta se torna reflexivamente inteligível para sua própria estrutura nas experiências existenciais simbolizadas pelo complexo consciência–realidade–linguagem. Deste modo, a presente análise confirma a afirmação que iniciou este estudo sobre *Ordem e história*: "A ordem da história emerge da história da ordem".

Mas o que significa "emergir"? Saímos do processo da busca, afinal, e chegamos a resultados nos moldes de conceitos intencionalistas? Emergirá por fim uma verdade que tenha o caráter de uma generalização ou uma abstração de uma multiplicidade de casos individuais?

§9 Parusia formativa e deformação

As questões tocam um problema crucial inerente à análise da consciência existencial, a tentação inerente que é o fardo de todo inquiridor, a tentação de deformar o Além e sua Parusia formativa, como são experimentados e simbolizados na respectiva investigação, mediante a transformação do Além numa coisa e sua Parusia na imposição de uma forma definida à realidade. A tentação afeta não só a presente análise, mas é uma força constante no processo milenar da busca da verdade. Recordarei algumas de suas manifestações referidas em contextos anteriores. Há as construções mitoespeculativas imperiais de uma história unilinear que é considerada como alcançando seu Fim divino no fim presente da estória do especulador; esse é o tipo que se estende da Lista do Rei suméria até a especulação imperial hegeliana. Quando o Além divino, então, se torna incipientemente diferenciado pelos profetas israelitas, um Isaías pode se entregar à fantasia mágica de forçar o Fim da Isso-estória sobre o fim de uma guerra com a Assíria por meio de um ato régio de fé que transfigurará as condições pragmáticas da guerra na vitória final da realidade-Isso; esse tipo de especulação metastática, como a denominei, permaneceu novamente uma constante nos movimentos metastáticos de fé do século XX de nossa era. Quando a transfiguração por meio de um ato régio de fé não ocorre e os desastres políticos chegam a um ponto insuperável, o tipo metastático de especulação dá lugar então ao tipo apocalíptico, que espera que a desordem de magnitude catastrófica termine por intervenção divina. E, quando a intervenção divina não ocorre, o tipo gnóstico se emparelha com o tipo apocalíptico e a ele se segue, construindo a gênese do cosmos com suas catástrofes de dominação ecumênico-imperial como a consequência de uma queda psicodramática no Além, a ser agora revertida pela ação dos gnósticos com base em sua compreensão (gnose) pneumática do drama. Foi um erro começar com o Princípio, e o fim da estória gnóstica a conduzirá ao seu Fim.

A estória dos simbolismos gerados pelas perturbações da consciência existencial possui um fascínio próprio, mas não devemos deixar que seu charme obscureça seu caráter deformador, ou a correlação entre as estruturas deformadas e a estrutura da deformação. O cosmos não desaparece apenas porque há sonhadores gnósticos por aí; seus sonhos são eventos no interior do cosmos que querem abolir; e nós ainda teremos de viver no cosmos quando os vários movimentos sectários apocalípticos e gnósticos completarem seus respectivos cursos. Se situada no contexto da realidade experimentada, a reevocação dos casos iluminará a tensão entre as estruturas conceitualmente definidas e as estruturas indefinidamente diversificadas que constitui nosso interesse no momento.

Os símbolos enumerados podem ser interpretados como uma lista de casos individuais a ser subsumidos no conceito geral de uma perturbação da consciência, talvez da *nosos* da alma no sentido clássico; e, se pararmos de pensar nesse ponto, eles permanecerão como tal lista, a ser conscienciosamente relatada numa "história das ideias" positivista. Se, contudo, não se parar de pensar aí, a reevocação será compreendida como uma "estória" dos símbolos deformadores gerados em paralelo com a diferenciação formativa do Além nas culturas étnicas do Oriente Médio dos impérios cosmológicos e do Povo Eleito. A reevocação, longe de ser um mero relato de casos indiferentemente iguais sob um título geral, conta a estória da crescente resistência consciente aos princípios que chegam ao fim sem alcançar o Fim, culminando na fantasia de um princípio que conduzirá o Princípio a um fim. No contexto da estória, portanto, os casos partilham a diversificação que caracteriza a busca da verdade. Paralelamente à história diversificada da verdade e da conciliação com sua ordem, e intimamente relacionada com sua substância, parece transcorrer uma história diversificada da falsidade e da desordem. Se agora indagarmos se o reconhecimento da reevocação como uma "estória" torna sem sentido a sua concepção como uma lista de casos individuais de um tipo geral, a resposta terá de ser: sim e não. Os símbolos enumerados são de fato casos individuais de um tipo geral de deformação, reconhecivelmente do mesmo tipo que prevalece nos contextos helênico, helenístico, cristão e moderno; mas, ao mesmo tempo, eles são, em todos esses contextos, partes de uma "estória" que transcorre em paralelo com a estória da busca diferenciadora da verdade. A coisidade intencionalista dos casos é inseparável de um complexo de estruturas que abrange a diversificação da busca. O que "emerge" da análise, portanto, não é nem a coisidade intencionalista nem a diversificação, mas um complexo que abrange ambas. Esse complexo na reevocação requer que façamos mais algumas reflexões.

§10 Resistência existencial

Veremos as estruturas que governam o complexo se considerarmos que a estória reevocativa dos casos revela um movimento de resistência existencial à existência numa realidade na qual as "coisas", incluindo o homem e a sociedade, chegam a um fim no tempo sem chegar ao seu Fim fora-do-tempo. Não se questiona a verdade da realidade; resiste-se a ela. Temos de distinguir, portanto, a resistência à verdade e a concordância ou a discordância acerca da simbolização ótima da verdade experimentada. Aqueles que resistem são seres humanos, dotados do mesmo tipo de consciência dos pensadores que estão envolvidos na busca da verdade; sua experiência da realidade é a mesma dos pensadores inquisitivos; eles não negam que a realidade efetivamente possua a estrutura simbolizada pelos inquiridores pneumáticos e noéticos. Deve-se salientar que frequentemente se negligencia que os deformadores concordam com os envolvidos na busca da verdade em que a realidade não é exaurida pela coisidade no tempo. Aqueles que resistem estão tão conscientes quanto os profetas e filósofos do movimento da realidade para além de sua estrutura presente; e têm também a consciência de que a realidade se move não só para um futuro das coisas, mas rumo ao Além delas. Simbolismos mais recentes da resistência deformadora, como a "transcendência para o futuro" (*Transzendenz in die Zukunft*), revelam por sua própria formulação a distinção que pretendem obscurecer; tampouco se deve esquecer a inimizade contemporânea entre determinados representantes do "positivismo" e ativistas ideológicos. Uma vez que aqueles que resistem não discordam da verdade à qual resistem, a questão experiencialmente crucial entra em foco: por que resistem a uma verdade que não negam nem podem mudar? E quais são as fontes experienciais que conferem à resistência tal força de significado a ponto de tornarem-na uma força constante na história?

Os motivos da resistência têm uma superfície de obviedade. Seus partidários estão insatisfeitos com a carência de ordem que experimentam em sua existência pessoal e social. Medida pela "medida invisível" de Sólon, a realidade na qual eles vivem, muito visivelmente, não se conforma à forma exigida pela força ordenadora divina do Além. A estória de sua existência não é a estória que a realidade-Isso quer contar.

Na base da insatisfação experimentada estão os infortúnios gerais que afligem a existência humana, enumerados por Hesíodo como a fome, o trabalho árduo, a enfermidade, a morte prematura e os malefícios que os mais fracos têm de sofrer nas mãos dos mais fortes. Esse potencial geral de insatisfação pode ser exponencialmente agravado pelas perturbações da existência pessoal e social por meio de eventos com efeitos históricos em massa. A essa classe de eventos pertence uma variedade de fenômenos. Da perspectiva demográfica, ter-se-ia de considerar os grandes movimentos populacionais envolvendo migrações e conquistas, igualmente conturbadores se pacíficos ou violentos, e igualmente conturbadores para conquistadores e conquistados; além disso, reduções súbitas da população causadas por epidemias, fome em massa causada pela disseminação de pestes animais e vegetais, e aumentos da população acima do nível de subsistência proporcionado pelo potencial econômico e técnico do lugar e da época. Da perspectiva político-prática, ter-se-ia de considerar a vasta destruição das culturas étnicas por parte dos empreendedores imperiais da era ecumênica e a subsequente ascensão das civilizações dogmático-imperiais desde o naufrágio dos impérios ecumênicos. Quanto ao período moderno, ter-se-ia de acrescentar a criação do diferencial de poder entre a civilização ocidental e todas as outras civilizações mediante as revoluções intelectual, científica, comercial e industrial no Ocidente, assim como a exploração do diferencial a limites globais; o declínio do poder e da ordem ocidentais devido aos conflitos internos ocasionados pela ascensão dos grandiosos nacionalismos e de movimentos ideológicos igualmente grandiosos; e a resistência das sociedades civilizacionais não ocidentais à destruição de suas próprias culturas por um ecumenismo ocidental global.

Nos casos concretos, portanto, há amplas razões para estar insatisfeito com a ordem da existência. Os resistentes estão profundamente cientes da discrepância entre a desordem que têm de experimentar e a ordem que perderam, ou que tentam desesperadamente manter, ou que julgam estar além de qualquer possibilidade de ser alcançada; eles estão desapontados com a lentidão do movimento na realidade rumo à ordem que experimentam como a verdadeira ordem requerida pelo Além; eles são moralmente incitados, e inflamados, pelo infortúnio imposto pela lentidão do movimento transfigurador na realidade; e as experiências desse tipo podem se intensificar na convicção de que algo está fundamentalmente errado com a própria realidade, se ela sempre prejudica o movimento rumo à ordem que supostamente seria o seu sentido. Nesse ponto, quando a resistência à desordem se transforma numa revolta contra o próprio processo da realidade e sua estrutura, a tensão da existência formativa no movimento e no contramovimento divino-humano da *metaxy* pode ruir; a presença do Além, sua Parusia, não é mais experimentada como uma força ordenadora eficaz, e, consequentemente, o inquiridor da verdade não pode mais contar uma estória que faça parte da estória contada pela realidade-Isso. No extremo da revolta na consciência, a "realidade" e o "Além" se tornam duas entidades separadas, duas "coisas" a ser magicamente manipuladas pelo homem sofredor com o propósito de abolir inteiramente a "realidade" e refugiar-se no "Além", ou com o propósito de impor a ordem do "Além" à "realidade". A primeira das alternativas mágicas é preferida pelos gnósticos da Antiguidade; a segunda, pelos pensadores gnósticos modernos.

§11 Imaginação

A análise, embora busque os motivos superficiais dos partidários da resistência até o extremo de sua expressão em operações mágicas, não pode ser conduzida sem esbarrar constantemente no estrato da resistência, isto é, na sua fonte na estrutura da própria consciência inquiridora. Na profundeza da inquirição, a verdade formativa e a falsidade deformadora estão mais intimamente relacionadas do que a linguagem da "verdade" e da "resistência" sugeririam. Pois a "verdade" não é, como a linguagem superficial sugere, algo que está aí, a ser aceito, rejeitado ou ao qual resistir; imaginar a "verdade" como uma coisa deformaria a estrutura da consciência assim como a transformação em coisas dos símbolos "realidade" e "Além" para propósitos de manipulação. A verdade tem sua realidade nos símbolos gerados pela inquirição, e a inquirição tem sua realidade na *metaxy* dos movimentos e contramovimentos divino-humanos. Os símbolos, por conseguinte, surgem da resposta humana ao apelo da realidade, e a resposta é atribuída com seu caráter como um evento na realidade a que responde.

Nesse ponto, será útil introduzir na análise o termo "imaginação". O evento, podemos dizer, é imaginativo no sentido de que o homem pode encontrar uma via de passagem de sua experiência participativa da realidade para a sua expressão por meio de símbolos.

Se, contudo, usamos o termo "imaginação", sancionado por seu uso na linguagem dos filósofos desde a Antiguidade, para denotar essa habilidade de encontrar uma via de passagem das experiências metalépticas às imagens dos símbolos expressivos, a estrutura paradoxal do complexo consciência–realidade–linguagem nos obriga a formular certas questões com respeito ao objeto e ao sujeito da imaginação. Se os símbolos imaginados expressam a experiência da realidade, expressarão a realidade experimentada pelo homem como um algo, ou expressarão a experiência como um evento na realidade abrangente? E, quanto ao seu sujeito, a imaginação seria uma "faculdade" humana de criar símbolos? Ou, em lugar disso, teríamos de dizer que a existência de uma via que conduz da experiência metaléptica à simbolização revela a realidade como internamente imaginativa e, na medida em que os símbolos pretendem ser "verdadeiros", como internamente cognitiva, de modo que a realidade abrangente, e não o homem, tornar-se-ia o sujeito dotado de imaginação? Segundo nossa análise, nenhuma das alternativas oferecidas pelas questões pode ser afirmada com exclusão da outra; o paradoxo da consciência governa também a imaginação. A imaginação, como uma estrutura no processo de uma realidade que se encaminha para sua verdade, pertence tanto à consciência humana em sua localização corpórea como à realidade que abrange o homem corporalmente situado como um parceiro na comunidade do ser. Não há verdade simbolizada sem o poder imaginativo do homem de encontrar os símbolos que expressarão sua resposta ao apelo da realidade; mas não há verdade a ser simbolizada sem a realidade-Isso abrangente na qual ocorrem as estruturas tais como o homem com sua consciência participativa, as experiências de apelo e resposta, a linguagem e a imaginação. Por meio do poder imaginativo do homem a realidade-Isso se encaminha imaginativamente rumo à sua verdade.

Entretanto, sendo governada pela estrutura paradoxal do complexo consciência–realidade, a imaginação oferece ao homem imaginador um certo tipo de saída da realidade pela qual é governado. Já que estamos agora suficientemente familiarizados com a diversificada variedade dessas saídas, não serão necessárias maiores elaborações. Podemos nos concentrar na fonte das saídas na tensão entre a força imaginativa e a realidade na qual ela ocorre, entre a imagem da realidade e a realidade cuja imagem ela supostamente retrata.

Em virtude de sua responsividade imaginativa, o homem é um parceiro criativo no movimento da realidade rumo à sua verdade; e essa força criativamente formativa é passível de sofrer uma perversão deformadora caso o parceiro criativo se imagine como o único criador da verdade. A expansão imaginativa do poder participativo no poder único torna possível o sonho de obter poder último sobre a realidade por meio do poder de criar sua imagem. A distância inerente na tensão metaléptica pode ser obscurecida ao se permitir que a realidade que se revela na verdade imaginativa dissolva-se imaginativamente numa verdade que revela a realidade. Estamos tocando o potencial de deformação que foi discernido, desde a Antiguidade, como um vício humano subjacente a símbolos tais como *hybris*, *pleonexia*, *alazoneia tou biou*, *superbia vitae*, orgulho da vida, *libido dominandi* e vontade de poder. No período romântico, o vício encontrou sua mais notável caracterização na "declaração" do bacharel no *Fausto*: "O mundo não existia antes que eu o criasse". A imagem do mundo se torna o próprio mundo. Por meio de sua imaginação, podemos dizer, o homem pode se exoimaginar e exoabranger a realidade abrangente.

A perversão imaginativa da imaginação participativa num poder autonomamente criativo permaneceu uma constante na história, por melhor que suas manifestações tenham sido observadas, descritas, diagnosticadas, criticadas, dramatizadas, desaprovadas, anatematizadas, ironizadas, ridicularizadas e satirizadas. Até onde podemos discernir analiticamente, ela não desaparecerá no futuro, pois a perversão imaginativa não é um erro num silogismo ou sistema que possa ser eliminado para sempre uma vez que tenha sido descoberto, mas um potencial no jogo de forças paradoxal na realidade no curso de seu movimento rumo à sua verdade. O movimento rumo à verdade sempre resiste a uma falsidade. Todo pensador que está envolvido na busca da verdade resiste a um simbolismo recebido que ele considere insuficiente para expressar verdadeiramente a realidade de sua experiência responsiva. Para visar a uma verdade mais verdadeira, ele tem de exoimaginar os símbolos até então imaginados; e na afirmação de seu poder imaginativo ele pode esquecer que está exoimaginando símbolos da verdade, mas não o processo da realidade no qual se move como um parceiro. Aquele que resiste, inversamente, embora possa ser dominado por sua *libido dominandi* a ponto de se imaginar grotescamente o criador de um mundo na verdade última, não precisa em absoluto estar errado ao perceber as insuficiências da ordem e da simbolização que incitam sua cólera. O pensador envolvido na busca formativa é um ser humano acometido pelas forças da resistência autoafirmativa em sua alma tanto quanto sua contraparte, aquele que resiste à estrutura paradoxal da consciência–realidade, é acometido pela verdade da realidade. Consequentemente, um movimento de resistência, caso alcance clareza sobre suas motivações experienciais e elabore a estória de sua busca deformadora, pode contribuir substancialmente para a compreensão do paradoxo na estrutura formativa à qual resiste, enquanto os defensores da verdade podem cair nas várias armadilhas preparadas por sua própria resistência autoafirmativa e, desse modo, contribuir substancialmente para uma compreensão das forças da deformação.

§12 Os símbolos reflexivos

Distância–lembrança–esquecimento

A análise investigou a resistência à verdade até o fundamento que tem em comum com a resistência à falsidade, até seu fundamento na imaginação assertiva do homem como uma força na realidade. O poder da imaginação, entretanto, embora assertivo da verdade, não é necessariamente autoafirmativo. O pensador envolvido na busca da verdade pode permanecer, ou se tornar, ciente da estrutura de sua busca. Ele pode estar consciente de seu estado de ignorância acerca da verdadeira ordem e estar ciente de que uma consciência da ignorância pressupõe a apreensão de algo cognoscível além de seu presente estado de conhecimento; ele pode se experimentar cercado por um horizonte de verdade cognoscível rumo ao qual pode se mover, ainda que não o alcance; ele pode se sentir impelido a mover-se, e pode sentir que está se movendo na direção certa ao mover-se rumo ao Além do horizonte que cria o horizonte; em suma, ele pode estar consciente de seu papel participativo no processo da experiência, da imaginação e da simbolização. Ele pode descobrir a dimensão da consciência que foi implicada, e com frequência referida, na presente análise, mas que ainda não se tornou explicitamente temática: a distância reflexiva da consciência de sua própria participação na realidade-coisa e na realidade-Isso. O pensador pode ser tentado, mas não é forçado, a acentuar essa participação assertiva na simbolização imaginativa da verdade numa ultimidade autônoma autoafirmativa; ele não precisa deformar o princípio de sua busca num Princípio que traga o Fim de todos os princípios. Ele pode lembrar sua experiência dos movimentos e contramovimentos na *metaxy* como a realidade da qual emergiram suas visões assertivas no interior da verdadeira ordem, e ele pode expressar sua lembrança por meio de símbolos reflexivos tais como a tensão da *metaxy*, os polos da tensão, as coisas e o seu Além, a realidade-coisa e a realidade-Isso, o humano e o divino, a intencionalidade e a luminosidade, o paradoxo consciência–realidade–linguagem e o complexo participação–afirmação–autoafirmação.

Os símbolos enumerados ocorreram com frequência na presente análise e fizeram que nós, oportunamente, suscitássemos a questão de se constituem conceitos que tencionam uma realidade-coisa, ou símbolos que expressam a realidade-Isso, ou nada mais que elementos de uma fala vazia — questões que tinham de permanecer em suspenso na ocasião. Estamos agora listando os símbolos como manifestações de uma consciência que é estruturada não só pelo paradoxo da intencionalidade e da luminosidade, mas talvez por uma consciência do paradoxo, por uma dimensão a ser caracterizada como uma lembrança reflexivamente distanciadora. É a dimensão que Platão simbolizou expressivamente, embora ainda de modo compacto, como a *anamnesis* noética. Essa terceira dimensão da consciência, todavia, não funciona automaticamente como uma força formativa na busca existencial da verdade. O pensador, é verdade, não pode abolir a distância reflexiva de sua consciência em relação a sua própria estrutura existencial, mas, em sua lembrança, ele pode esquecer imaginativamente essa ou aquela parte do evento paradoxalmente complexo; e quando um pensador, quaisquer que possam ser seus motivos, esquece seu papel como um parceiro no ser, e, com esse papel, o caráter metaléptico de sua busca, ele pode deformar o poder assertivo de imaginação lembrado em sua busca imaginativamente no poder único da verdade. A lembrança imaginativa do processo, a lembrança tencionada por Platão, implica o potencial de esquecimento imaginativo.

Os termos usados no parágrafo precedente para expressar a experiência da distância reflexiva na consciência são novos. Eles derivam sua validade do contexto da meditação anamnética como o evento do qual emergem imaginativamente. Em nossa época, porém, isso não é suficiente para tornar sua validade convincente. Eles estão expostos aos mal-entendidos convencionais resultantes da deformação das exposições meditativas em proposições sobre coisas, da fragmentação dos complexos experienciais e simbólicos em suas partes e da hipóstase das partes em conceitos definicionais referentes a coisas definíveis. Algumas observações, portanto, serão oportunas.

1 Sua validade no contexto da meditação

A primeira questão é a validade conceitual dos símbolos na medida em que emergem da meditação anamnética. Não há esquecimento imaginativo sem lembrança. O algo esquecido no ato do esquecimento não é um objeto externo perdido, ou negligenciado, ou inacessível no momento do ato, mas a estrutura da existência inevitavelmente presente, simbolizada pelo complexo consciência–realidade, o complexo da realidade-coisa e da realidade-Isso, das coisas e do seu Além. Um partidário imaginativo da resistência pode estar até mais acentuadamente ciente da realidade existencial à qual resiste do que um crente complacente e conformista, como observou Santo Agostinho; ele pode se lembrar muito bem do que quer esquecer. Não há, ademais, lembrança ou esquecimento sem a distância reflexiva em relação ao paradoxo da existência experimentado; tampouco há algo a ser esquecido ou lembrado sem a consciência existencial à qual pertencem os atos na distância reflexiva. E, por fim, não há consciência existencial sem a realidade na qual ela está consciente de ocorrer, estendendo-se essa realidade à corporalização da consciência no homem, à realidade-coisa em torno da coisidade do corpo humano, e à realidade-Isso com sua força divinamente formativa. A análise, por conseguinte, é um todo coerente gerando um complexo coerente de símbolos que confere aos símbolos individuais a sua validade contextual. Logo, os símbolos individuais não devem ser deformados ao ser imaginados como conceitos referindo-se a "coisas"; o todo não deve ser fragmentado em entidades independentes dele — um jogo de especialização "ontológica" que se tornou socialmente dominante desde a invenção do termo "ontologia" no século XVII. Isso não significa, no entanto, que a análise como um todo esteja acima de críticas: erros substantivos, caso tenham ocorrido, devem ser expostos e corrigidos. Tampouco significa que o "todo" da análise seja exaustivo: ele pode, em cada ponto, ser expandido em maiores detalhes. Tampouco é a análise, mesmo que se mostre sustentável em seus pontos principais, a última palavra no assunto que explora: sua orientação é determinada por seu princípio a partir do simbolismo do Princípio. Ela terá de ser suplementada por explorações analíticas que partam de outros pontos na estrutura da consciência, como por exemplo as experiências e simbolizações do Além ou do Fim, ou as Visões de um Todo da realidade. Tais meditações suplementares conduzirão a noções que não foram contempladas na presente análise.

2 Sua validade no contexto das equivalências históricas

A segunda questão é a validade dos símbolos no contexto de suas equivalências históricas. Os símbolos são novos, mas a experiência que necessita da análise diferenciadora não é. Com efeito, o esforço de lidar com a variedade de seus aspectos é uma constante milenar no processo da busca da verdade. Para o presente propósito, não precisamos recuar até antes da exegese de Platão do complexo lembrança-esquecimento. Sua análise é "noética" no sentido específico, mas ainda compacto, de uma meditação dominada pelo simbolismo do *Nous* como o "terceiro deus" depois de Cronos e Zeus, deus que formará agora, na nova situação histórica, a ordem da existência por sua presença, sua Parusia, na consciência participativa do homem; estamos na junção em que a análise noética começa propriamente a se diferenciar da experiência e da simbolização míticas compactas da realidade. Nessa situação de transição, Platão expressa a experiência do esquecimento por meio do símbolo *anoia*, convencionalmente traduzido por "loucura", que faz que a ênfase recaia na desordem da existência daquele que resiste e não nos atos de esquecimento imaginativo causados por ela. O resistente culpado de *anoia* é um homem que não se lembra de seu papel como um parceiro na comunidade do ser, que conseguiu se tornar inconsciente de sua consciência da participação inquiridora no Além divino, no *Nous*, e que, consequentemente, pode transformar sua participação assertiva numa autoafirmação. O homem que resiste a sua formação por meio do *Nous* divino deforma a si mesmo; ele se torna um tolo.

O símbolo *anoia*, porém, não sobreviveu no discurso filosófico; pior ainda, devido à sua compacidade, tornou-se praticamente intraduzível para uma língua moderna. Se o *Nous* for traduzido como razão, sua negação tem de se tornar a desrazão, para que a associação do simbolismo *nous-anoia* seja preservada. Esse uso, porém, seria linguisticamente infeliz, pois o símbolo "razão" sofreu, desde a época de Platão, modificações substanciais de significado no decurso dos movimentos da teologia cristã e do racionalismo iluminista. A teologia cristã desnaturou o *Nous* platônico degradando-o imaginativamente numa "razão natural", uma fonte da verdade subsidiária da fonte preponderante da revelação; mediante um ato de esquecimento imaginativo a tensão revelatória na visão platônica do *Nous* como o "terceiro deus" foi eclipsada, a fim de obter para a Igreja o monopólio da revelação. Mas a história teve a sua vingança. A razão não revelatória, imaginada pelos teólogos como uma serva, tornou-se uma mestra não assertiva. Na sequência histórica, a razão não revelatória imaginada se tornou a real razão antirrevelatória da revolta iluminista contra a Igreja. A resistência ao poder social das instituições autoafirmativas intelectualmente inertes motivou os atos de esquecimento imaginativo que eclipsam a verdade noético-revelatória preservada nas doutrinas eclesiásticas que se tornaram inflexíveis. Além disso, uma vez que os resistentes iluminados não podem fugir mais que os outros da estrutura da consciência, eles têm de se apropriar da autoridade da verdade noética para sua resistência a ela; na forma de várias ideologias, a resistência à verdade noética, entendendo-se como a resistência à irracionalidade, tornou-se a fonte legitimadora definitiva da verdade revelada. O monopólio usurpado da revelação migrou das instituições eclesiásticas para os estabelecimentos ideológicos que as sucederam, chegando aos "posicionamentos" revelatórios por meio de atos de destruição violenta nos movimentos de terrorismo contemporâneos.

3 Distância reflexiva

A terceira questão é a dimensão da própria distância reflexiva, com seu potencial tanto de lembrança como de esquecimento. Seu significado diferenciado terá ficado claro ao longo da presente análise como uma terceira dimensão da consciência. A estrutura da consciência, simbolizada pelo complexo consciência–realidade–linguagem e pelo paradoxo da intencionalidade e da luminosidade, da realidade-coisa e da realidade-Isso, não está simplesmente "ali" como a estrutura de um objeto finito a ser ocasionalmente descoberta. Ela não é uma "coisa" a ser ou não descrita, mas tem sua presença reflexiva na própria consciência. Qualquer que possa ser o modo da consciência na pluralidade de sua diversificação — quer apareça no registro da compacidade e da diferenciação, quer no da formação e da deformação —, está reflexivamente presente para si mesmo em sua simbolização. Ademais, a presença reflexiva não se confina às instâncias isoladas da consciência como entidades fechadas. Como vimos, a pluralidade das instâncias diversificadas foi observada e a observação induziu a respostas reflexivas, e os eventos de diferenciação não estavam simplesmente presentes na consciência reflexiva, mas vinham acompanhados da reflexão sobre o fenômeno da diferenciação e sobre as novas configurações da verdade na história por ele criadas. Qualquer que possa ser em última análise a ordem da história, há uma história da ordem porque a verdade da consciência está documentando a si mesma como um processo histórico por meio da reflexividade da consciência simbolizadora. A história da consciência, como a formulei, é internamente cognitiva.

Digressão sobre o resgate dos símbolos

O esquecimento imaginativo deforma a consciência. A confusão da linguagem na esteira dos movimentos milenares é a síndrome de uma desordem que evoluiu na sociedade ocidental contemporânea a proporções de um estado de consciência estabelecido, no sentido de publicamente aceito — sem esquecer a extensão global da desordem em razão da dinâmica de poder do ecumenismo ocidental. Se queremos romper a inconsciência pública, temos de analisá-la e, desse modo, trazê-la à consciência: temos de lembrar seus atos históricos de esquecimento, a fim de identificá-los como atos de esquecimento; então, temos de lembrar o complexo paradoxal consciência-realidade-linguagem como o critério da lembrança e do esquecimento; e, para reconhecer o complexo paradoxal como o critério da verdade e da falsidade, temos de diferenciar a dimensão de sua distância reflexiva que se encontra — compactamente implicada na *anamnesis* platônica — no princípio de todo filosofar noético. Somente quando o complexo distância reflexiva-lembrança-esquecimento está suficientemente diferenciado e articulado é possível resgatar os símbolos que foram historicamente desenvolvidos para descrever os fenômenos do esquecimento de seu sepultamento historiográfico como "ideias", "opiniões" ou "crenças", para decidir quais deles ainda podem ser usados na confusa situação presente e restituí-los à sua função legítima no contexto noético.

Alguns lembretes e sugestões:

(1) O termo *anoia* deve voltar a ser usado porque expressa do modo mais claro o estado de esquecimento como uma deformação da consciência noética. A tradução por "desrazão" ou "irracionalidade" é no momento inutilizável pelos motivos anteriormente apresentados. A tradução por "loucura", preferida pelos classicistas, é correta, mas perde a relação com o *Nous*. Ela tem ainda a desvantagem de conflitar com a "loucura" pela qual a versão da Bíblia do rei Jaime traduz o hebraico *nabala*, a "tolice" de negar a existência de Deus, com sua ênfase na constituição pneumática da consciência. As traduções grega e latina de *nabala* como *moria* e *insipientia* também não sugerem versões utilizáveis. Contudo, deve-se notar que, em seu uso compacto, Platão faz que o termo *anoia* abarque também o *nabala* pneumático.

(2) Os termos "desordem" e "perturbação" da consciência que frequentemente uso traduzem a *nosos* ou *nosema* de Ésquilo e Platão, assim como a *morbus animi*, a "doença da mente", de Cícero. A linguagem médica de Platão se torna totalmente contundente quando ele alerta para a morbidez noética.

No *Górgias* (480) ele fala da *nosema tes adikias*, a "doença da injustiça", que, se não for curada a tempo, pode se tornar um câncer incurável da alma (*hypoulon kai aniaton*). Nas *Leis* (716), um homem pode fazer que sua alma se inflame (*phlegetai*), chegando a um estado de inflação (*exartheis*) autoafirmativa, por meio da arrogância, do orgulho devido à riqueza ou à posição social, ou à beleza do corpo, ou do fervor juvenil, um estado no qual o homem crê não mais precisar de orientação, e sim ser capaz de guiar outros, e, como resultado, acarreta a ruína para si e para a sociedade. Em tais passagens pode-se perceber que Platão tateia à procura da linguagem que tornará os frequentemente observados fenômenos da desordem pessoal e social inteligíveis como uma doença da consciência noética.

(3) Trezentos anos antes, após as sublevações da conquista de Alexandre, dos reinos diádocos e da expansão imperial romana, a morbidez noética da situação parece ter se tornado uma obviedade muito discutida. Em seu *Tusculanae disputationes* (IV, 23-32), um Cícero pode falar com firmeza da *morbus animi*, identificando-a como uma *aspernatio rationis*, uma "rejeição da razão", e discutir os sintomas da doença. Entre suas variadas manifestações, ele menciona a ganância incansável, a avidez por *status* social, a efeminação, a gula, o vício em guloseimas e petiscos, a embriaguez de vinho, a irascibilidade, a angústia, o desejo de fama e de reconhecimento público, a rigidez de atitudes, e medos tais como o medo de contato com outros seres humanos, como a misoginia e a misantropia. A lista é suficientemente atemporal para ser também moderna, embora se possam acrescentar alguns itens tais como o vício em drogas, muito discutido por Platão nas duas formas do vício em substâncias químicas, e o vício em constructos sofísticos da falsidade, ou a disseminação da pornografia e das ideologias modernas, que têm sua conexão íntima bem demonstrada pelo marquês de Sade em sua *Philosophie dans le boudoir*.

(4) Embora a concepção ciceroniana da *morbus* e de seus sintomas seja digna de alimentar o pensamento dos psiquiatras que atuam com modelos imanentistas da psique e do comportamento humano, ela não deve ser aceita de modo acrítico. Isso significaria ignorar as enormes dificuldades da psicologia estoica do Pathos e do Logos no pano de fundo, assim como as observações satíricas de Horácio sobre os resultados estoicos. Contudo, a linguagem da "doença" e da "desordem" tem sua sólida fundamentação na exegese existencial dos tragediógrafos e historiadores helênicos que experimentavam a desordem pessoal e social de sua época como uma perturbação da consciência, e na exegese de Platão, que concebia seu filosofar como uma persuasão terapêutica,

como um esforço de salvação para curar a desordem pneumática e noética da psique. Não podemos prescindir disso, dado que entendemos a *aspernatio rationis* como referida aos atos de esquecimento imaginativo que tento diferenciar, assim como aos seus fenômenos.

(5) Nossa rica experiência contemporânea de tais atos, de seus fenômenos e de suas consequências parece exercer alguma pressão para encontrar a linguagem que expressará a experiência. Eu uso com frequência a expressão "Segunda Realidade", criada por Robert Musil e Heimito von Doderer, para denotar os constructos imaginativos dos pensadores ideológicos que querem eclipsar a realidade da consciência existencial. Além disso, em seu *Daemonen*, Doderer desenvolveu o símbolo da *Apperzeptionsverweigerung*, da recusa a perceber, que, em seu significado, se aproxima muito da *aspernatio rationis* ciceroniana no sentido de um ato deliberado de esquecimento imaginativo. No uso cotidiano, observo ainda o aparecimento de expressões como "consciência seletiva" e "obtusidade defensiva" (cujos autores não conheço), referindo-se, em linguagem polida, a uma variedade de fenômenos desordenados que vão desde a tortuosidade intelectual dos ativistas políticos, passando pela semiliterariedade dos tendenciosos oportunistas profissionais e pelo mais profundo analfabetismo imposto pelo sistema educacional, chegando até a plena estupidez.

(6) Por fim, temos de lembrar a sentença de Aristóteles: "Todos os homens desejam saber por natureza". A sentença é o símbolo cristalino que dá início ao grande estudo reflexivo da consciência, o ato de lembrar seu âmbito desde a percepção sensorial até a sua participação no *Nous* divino. Ela dá início à procura da verdade da realidade (*tes arches theoria*) como a busca pela *arche tes kinemos* (ou a *arche tes geneseos* de Platão), pelo princípio da gênese como um movimento formativo. Se essa sentença fosse retirada de seu contexto noético, seria ridicularizada como uma afirmação empiricamente falsa, pois obviamente são muito poucos os homens que desejam conhecer, e não entregar-se à construção de Segundas Realidades, e que, obcecados por sua obtusidade defensiva, se recusam a perceber a realidade. Se, porém, não entendermos a sentença literalmente, o que destruiria sua validade noética, ela expressará a abertura consciente de um pensador perante o paradoxo da consciência existencial; e, ademais, simbolizará essa abertura como o potencial de "todos os homens", ainda que o potencial seja demasiadamente deformado por meio de atos de esquecimento. Com *Deux sources de la morale et de la religion*, de Bergson, o simbolismo da "abertura" e do "fechamento", da *âme ouverte* e da *âme close*, tornou-se uma parte efetivamente diferenciada da linguagem da

filosofia que nos permitirá falar inequivocamente dos estados existenciais de lembrança e esquecimento.

A pesquisa dos símbolos, adequados e inadequados, deve ser suficiente para elucidar a confusão linguística na qual trabalhamos, assim como a necessidade de resgatar tais símbolos, quando tenham sido desenvolvidos com êxito, salvando-os do destino de ser tragados pelas máximas letais indiferenciadas das "ideias" e "opiniões", restituindo-os à sua condição noética.

Capítulo 2

Distância reflexiva *versus* identidade reflexiva

Podemos ser breves quanto ao significado da dimensão reflexiva no contexto de nossa própria análise. O simbolismo da "distância" reflexiva, porém, foi formulado em oposição, e como correção, ao simbolismo da "identidade" reflexiva desenvolvido pelos filósofos idealistas alemães em sua grande tentativa de diferenciar mais adequadamente a estrutura anamnética da consciência em seus aspectos pessoal, social e histórico. Esse significado corretivo do símbolo "distância" em relação ao símbolo "identidade" requer maior elaboração.

§1 A revolução alemã da consciência

O propósito dos pensadores alemães era formativo. A fim de recuperar a base experiencial da consciência, eles queriam remover as camadas de incrustações proporcionais acumuladas ao longo dos séculos de pensamento segundo o modo intencionalista sujeito-objeto. No século XVIII, esse modo culminou numa nova onda de sistematizações definicionais e proposicionais da metafísica, da ontologia e da teologia que tornaram o método intencionalista de lidar com as estruturas da consciência convincentemente inconvincente. A deformação da consciência por meio da "metafísica" e da "ontologia" foi o alvo explicitamente atacado por Hegel por meio de sua *Wissenschaft der Logik* [Ciência da Lógica]. A tentativa de recuperação, contudo, foi seriamente prejudicada pela força de tradição que o hábito de pensar nos moldes da realidade-coisa havia adquirido, uma tradição que foi ainda mais fortalecida na época pelo sucesso das ciências naturais, pelo prestígio da física newtoniana e, o que foi de especial importância para os pensadores alemães, por sua legitimação como o modelo da "experiência" por meio da *Crítica da razão pura* de Kant. Deve-se destacar a posição e a função ambivalentes da *Crítica* nesse contexto. Ao esclarecer o significado da experiência espaciotemporal, é verdade, a *Crítica* não deixou dúvida de que havia para a "Razão" mais do que a física; a área da realidade-Isso havia sido, se não restabelecida, ao menos novamente enfocada como a área da "Razão" que não podia ser adequadamente expressa por meio da aplicação do "*natuerliche Erkenntnis*" [conhecimento natural], do pensar em categorias do tipo sujeito–objeto. Mas foi precisamente a caracterização do modo sujeito–objeto como o "*natuerliche Erkenntnis*" inquestionável e dominante, e também o profundo sentimento de que a recuperação da base experiencial "inatural" da filosofia era uma revolução de proporções copernicanas, que revelou a força da tradição que tinha de ser suplantada. Nessa situação de deterioração filosófica não é de surpreender que Kant tivesse dificuldade para encontrar a linguagem que se ajustasse ao seu esforço revolucionário. Com efeito, a fim de denotar o "mais" que a física deve encontrar na "Razão", ele não pôde senão cunhar o símbolo *Ding-an-sich* [coisa-em-si]. Dado que a confusão do famoso símbolo mesmo hoje ainda não é suficientemente percebida, até onde vejo, não seria impróprio salientar que "em-si" a coisa não é uma "coisa", mas a estrutura da realidade-Isso na consciência. Os problemas técnicos gerados pelo símbolo, todavia, não constituem nosso interesse no momento; antes, deve-se explorar o caráter do símbolo como um sintoma das pressões que fizeram que a tentativa de recuperar as experiências movesse a consciência existencial para a posição de uma "coisa".

A dominância da realidade-coisa na imaginação simbolizadora da época determinou o formato dos problemas como surgidos no processo de recuperação da estrutura da consciência. Se os "fatos da consciência", o ponto de partida da *Wissenschaftslehre* [Doutrina da ciência] de 1794 de Fichte, fossem um objeto a ser explorado, seria preciso que houvesse um sujeito que fizesse a exploração, e, se houvesse um sujeito, ele teria de ter uma consciência refletindo sobre a consciência. Qual seria então a relação entre a consciência do sujeito e os "fatos da consciência" por ela explorados? O problema da dimensão reflexiva da consciência havia sido reduzido à relação entre dois atos da consciência. Como uma solução para esse problema, no entanto, a simples construção de um ato reflexivo da parte do sujeito se tornaria mais um "fato da consciência" a ser refletido por um outro ato de um outro sujeito. A construção puramente intencionalista teria dissolvido a integralidade da consciência existencial numa cadeia indefinida de atos subjetivos. Se a integralidade fosse preservada, as condições intencionalistas sob as quais o problema havia sido formulado requereriam a identificação do sujeito reflexivo como o *Ich* do homem com o *Ich* da consciência existencial. O *Ich* idêntico a si mesmo foi então imaginado não como mais um fato da consciência, mas a forma transcendental da consciência, imediatamente evidente num ato não da "experiência", mas da "intuição intelectual". Uma vez que nessa identificação dos dois *Ichs*, porém, a ênfase da construção recaía no sujeito reflexivo, e que o ato reflexivo havia sido concebido por Reinhold, o predecessor de Fichte em Iena, em seu *Satz des Bewusstseins*, sobre o modelo sujeito–objeto, o intencionalismo não participativo do ato reflexivo poderia usurpar a autoridade da consciência participativa[1].

Para denotar esse novo tipo de consciência deformada, os pensadores alemães desenvolveram o símbolo "especulação". O processo histórico da consciência, com sua autoridade internamente cognitiva, foi abandonado em favor de uma "especulação" com autoridade externa que permitiria que o pensador tomasse sua posição imaginativa num ato reflexivo-especulativo além do processo. A tensão da existência na *metaxy* havia sido eclipsada; o platônico Além da realidade divina encarnara-se no "além" da imaginação do especulador. Consequentemente, a especulação podia se proclamar a revelação última da consciência existencial e, nessa capacidade, a força que determinaria toda história futura. A história da ordem havia sido transformada numa ordem da história cuja verdade tornara-se inteligível por meio do esforço do especulador e, uma vez que sua verdade havia se tornado inteligível, podia ser conduzida à sua conclusão na realidade de acordo com o Sistema da Ciência do especulador. A realidade experimentada e simbolizada pela existência consciente de todos os homens seria substituída pela Segunda Realidade da especulação; o princípio histórico do Sistema especulativo viria a ser o verdadeiro Princípio conducente ao verdadeiro Fim da história. Questões referentes à estrutura da consciência do próprio especulador, as questões referentes à verdade por ela

---

1 Para uma discussão mais completa do desenvolvimento de Fichte, ver Ulrich Claesges, *Geschichte des Selbstbewusstseins*: Der ursprung des spekulativen Problems in Fichtes *Wissenschaftlehre* von 1794-95, Den Haag, 1974. As notas de rodapé de Em *busca da ordem* foram preparadas por Paul Caringella.

corporalizadas nos termos da lembrança e do esquecimento, não eram permitidas. Este último requerimento, necessário para proteger os esforços especulativos contra questões demasiadamente óbvias, foi elevado à posição de um postulado explícito por Karl Marx.

A criação da imaginação especulativa como a nova fonte da verdade na história foi de fato um acontecimento revolucionário. Como sabemos por numerosas declarações de Reinhold, Fichte, Schelling, Hegel, Friedrich Schlegel e Schiller, os atores do acontecimento interpretaram-no como a variante alemã da revolução geral que se dava no nível prático na América, na França e nos Países Baixos (República Batava de 1795). Eles derivaram a intensidade de seu fervor do sentimento de participar de uma revolução da consciência no nível da história universal. Além disso, com uma coloração nacionalista desse fervor, os pensadores alemães estavam convencidos de que sua própria revolução do "espírito" era superior às revoluções pragmáticas paralelas, porque alcançava mais radicalmente a profundidade da consciência e, por conseguinte, teria, a longo prazo, um efeito prático mais duradouro. Numa carta de 28 de outubro de 1808, Hegel escreveu a seu amigo Niethammer dizendo estar a cada dia mais convencido de que a obra teórica efetua mais realizações no mundo que a obra prática — "uma vez que o âmbito da percepção [*Vorstellung*] é revolucionado, a realidade não pode resistir". E um dos mais astutos observadores do acontecimento, Henrich Heine, em sua *Contribuição à história da religião e da filosofia na Alemanha*, prevê que a "revolução no espírito" seguir-se-á da "mesma revolução no âmbito dos fenômenos". O pensamento, prossegue ele, "precede as ações assim como o raio precede o trovão"; o trovão tardará porque os alemães se movem desajeitada e morosamente; "mas quando o ouvirdes estrondar como nunca antes estrondara na história universal, sabereis: chegou o trovão alemão"[2].

Embora o acontecimento seja historiograficamente bem conhecido nos mais ínfimos detalhes, sua análise crítica ainda deixa muito a desejar. Com efeito, ela é tão insuficiente que não temos sequer um termo comumente aceito para caracterizar a estrutura do evento e, com sua estrutura, seu âmbito, mas debatem-se na linguagem símbolos criados pelo próprio acontecimento. Tra-

---

2 Para as declarações representativas de Reinhold, Fichte, Schiller, Hegel e Schelling, ver M. H. ABRAMS, *Natural supernaturalism*, New York, 1971, 348-356. Para a declaração de Hegel a Niethammer, ver Johannes HOFFMEISTER (ed.), *Briefe von und an Hegel*, Hamburg, 61952, v. I, 253. Para a citação de Heine, ver Hermann FRIEDMANN, Raimond PISSIN (eds.), *Heines Werke in Fuenfzehn Teilen*, Berlin [s.d.], parte 9, 276.

dicionalmente, referimo-nos a ele como a *Ichphilosophie* [Filosofia do Eu] ou *Identitatesphilosophie* [Filosofia da identidade], ou como a Lógica dialética do Ser desenvolvida por Hegel como seu "Método" maiusculizado; e o uso de tais termos é justificado desde que permaneçamos cientes de que pertencem à autointerpretação dos grandes pensadores alemães. Seu emprego parecerá menos justificado, porém, se recordarmos que a validade analítica dos termos é o que está em discussão, e que os termos aparecem nas polêmicas internas do evento e invalidam parcialmente uns aos outros. Não estaremos em terreno firme se usarmos a autocaracterização abrangente de "idealismo transcendental", pois o uso convencional de "idealismo" excluiria do evento o "materialismo" de Karl Marx. Contudo, para que o sistema marxiano seja incluído — talvez como o primeiro estampido do trovão metafórico de Heine —, a linguagem dos "ismos", e, com ela, o grande conflito entre o "idealismo" e o "materialismo", torna-se irrelevante. A relevância analítica passaria aos jogos envolvendo o símbolo "Ser". Teríamos de entender as táticas marxianas de identificar o "Ser" que determina a história com as *Produktionsverhältnisse* [Relações de produção], pondo de pé o "Ser" idealisticamente especulativo de Hegel, como um jogo intelectual possibilitado pelo uso questionável, por parte de Hegel, do símbolo "Ser" como o Princípio de seu Sistema. Se, então, admitirmos que a estrutura do evento é analiticamente um certo tipo de jogo envolvendo o símbolo "Ser", do qual o caso marxiano é um exemplo, poderemos notar, com novo interesse, que, no século XX, um pensador alemão do nível de Martin Heidegger pôde, ao menos por certo tempo, entregar-se à fantasia de permitir que o "Ser" fosse forçado numa nova Parusia na realidade pela eclosão nacional de um movimento populista-racial. E, se tivermos de entender as *Produktionsverhältnisse* marxianas e o nacional-socialismo temporário de Heidegger como jogos igualmente deformadores, jogados segundo as regras da especulação de Hegel sobre o "Ser", o evento assumirá proporções até então insuspeitas.

As proporções permanecerão incertas enquanto não tivermos clareza acerca dos critérios a ser empregados para julgar a dimensão do evento. Mas por que sofremos dessa falta de clareza atualmente, duzentos anos depois de sua eclosão? A questão se impõe de forma premente, pois os primeiros contemporâneos não aceitam de modo algum a revolta espiritual em seus próprios termos, mas são impelidos a fazer comentários sarcásticos. Heine não estava sozinho ao reconhecer seu significado revolucionário, um significado que dificilmente poderia ser negligenciado, já que foi proclamado alto e bom som pelos próprios autores dos "Sistemas"; nem estava sozinho ao fazer troça de suas grotescas implicações. Jean Paul, por exemplo, logo foi incitado pela cômica discrepância entre o *Ich* especulativo de Fichte e a consciência de um homem de seu eu numa existência corpórea, e satirizou-a esplendidamente em sua *Clavis fichtiana* de 1804, embora expressando talvez uma admiração irônica pela qualidade estética da obra de Fichte. Quatro décadas depois, Kierkegaard empreendeu seu ataque sumário à existência especulativa fichtiana e hegeliana em nome de um existencialismo cristão, desenvolvendo em suas "migalhas filosóficas" a importância analítica de símbolos como a angústia, o instante (ou momento) e a existência que se tornaram símbolos dominantes com os pensadores existencialistas do século XX. E uma análise penetrante, sustentada pelo formidável aparato histórico de um teólogo competente, foi conduzida por Ferdinand Christian Baur em sua obra *Die Christliche Gnosis* [A gnose cristã], de 1835, na qual situa a *Religionsphilosophie* de Hegel no contexto dos movimentos gnósticos desde a Antiguidade. Havia sido fundada, portanto, uma ampla base sobre a qual outras análises críticas poderiam ter sido construídas. Por que, então, o evento permaneceu opaco apesar de tudo?

As razões serão encontradas nas ambiguidades da resistência previamente discutidas. Aqueles que resistem à verdade noética não são necessariamente seus inimigos; pelo contrário, podem resistir aos simbolismos deformados prevalecentes em seu ambiente social e tentar recuperar a verdade obscurecida por tais simbolismos. Entretanto, eles mesmos podem ser tão intensamente afetados pela desordem prevalecente a ponto de sua tentativa de recuperação, ainda que seja eminentemente bem-sucedida em outros aspectos, ser conduzida segundo o mesmo estilo de deformação autoafirmativa que motivou sua resistência. A afirmação imaginativa na criação de novos símbolos pode ter de carregar o ônus de uma nova autoafirmação, e o desejo de encontrar novos símbolos pode declinar no desejo de dominar a realidade simbolizada. O novo simbolismo tornar-se-á então uma imposição ditatorial nos mesmos moldes que suscitaram a revolta contra os simbolismos precedentes.

Esse é o problema do caso alemão. Um ataque abrangente, solidamente detalhado e historicamente cognoscível aos símbolos que perderam seu significado — a tentativa de recuperar "a experiência da consciência" da qual os símbolos emergentes derivam seu significado — sucumbe à deformação devido ao desejo de dominar a experiência recobrada nos moldes da realidade-coisa. A ambiguidade da formação–deformação num novo nível de diferenciação experiencial é a razão pela qual a exploração analítica do acontecimento permaneceu inconclusiva até hoje. Aceitando a realização crítica em seus próprios termos, arriscamo-nos a cair na armadilha de sua deformação; rejeitando inteiramente o resultado deformado, incorremos no risco de perder a conquista crítica. A saída para a dificuldade não passa por volumosas exposições e comentários sobre os Sistemas em sua expansão; a análise tem de se concentrar na estrutura peculiar de um propósito formativo deformado que serve de princípio para a construção dos Sistemas, e o princípio ambíguo não precisa ser extraído a partir de sua aplicação nos Sistemas, mas deverá ser encontrado nas declarações programáticas de seus autores. Os construtores do Sistema-Identidade, especialmente Hegel, dominavam seu problema; eles sabiam o que queriam e o expressaram com uma clareza que apenas o componente deformador de sua empreitada diminui. Eles pretendiam criar, como formulou Hegel em sua *Fenomenologia*, uma *Wissenschaft der Erfahrung des Bewusstseins* — uma *Ciência da experiência da consciência*. Com o fim de iluminar a estrutura da ambiguidade, apoiar-me-ei em declarações representativas da *Vorrede* [Prefácio] e da *Einleitung* [Introdução] para a obra programática de Hegel[3].

§2 Hegel I[4]

Hegel queria estabelecer uma "ciência da experiência da consciência". A declaração programática determina as questões que têm de ser indagadas no curso da análise: em que medida o programa teve êxito? O que Hegel entendia por "experiência"? Quais experiências estavam incluídas em sua análise? Quais foram excluídas? E de que modo a vontade de poder deformadora determinou as inclusões e exclusões?

1 Sistema *versus* tensão existencial

O princípio sobre o qual se apoiam as construções ambíguas é formulado por Hegel nas primeiras páginas da *Vorrede* (12). A verdadeira figura (*wahre Gestalt*) da verdade será encontrada na forma de um "sistema científico". Hegel se propõe a aproximar a "filosofia" de sua "verdadeira figura", de modo

---

3 A fórmula de Hegel, uma "Ciência da experiência da consciência", aparece no final de sua *Einleitung* à *Phaenomenologie*, 74, da edição de Hoffmeister. Todas as referências à *Fenomenologia* nas páginas seguintes dizem respeito a essa edição.

4 Eric Voegelin faleceu antes de redigir a seção "Hegel II" deste capítulo.

que ela possa abandonar seu nome de "amor ao conhecimento" e se tornar "conhecimento real". Despojada de termos equívocos como "conhecimento" e "ciência", a proposta hegeliana de superar a deformação da filosofia, dolorosamente óbvia sob a crítica iluminista, significa a abolição da filosofia. O amor à sabedoria, a tensão erótica rumo ao Além divino, um amor que parece nunca alcançar seu objeto, esse processo indefinido que nunca chega ao fim, terá de ser conduzido ao seu Fim pela sabedoria possuída na forma do conhecimento absoluto, por uma *Wissenschaft* acima do amor inconclusivo. O programa de uma filosofia que dá um Fim à filosofia é o mais reluzente sintoma da confusão intelectual predominante na época. Pelo viés crítico, temos de dizer: o programa exclui a experiência da consciência existencial — da existência na tensão da *metaxy* —, da "experiência da consciência".

2 A ambiguidade da dialética

Se a tensão da existência não é uma constante empírica na estrutura da consciência, o que, então, é realmente experimentado? A resposta é dada nas páginas finais da *Einleitung* à *Fenomenologia* (69-75). A consciência deve ser concebida no modo sujeito-objeto; ela é consciência de algo (*etwas*). Numa primeira abordagem, o algo experimentado é a realidade em si (*an sich*). Entretanto, numa segunda abordagem, quando no processo do conhecimento o algo se revela diferente daquilo que se acreditava que fosse, o *Ansich* da realidade se torna um *Ansich* para o sujeito que experimenta (*für es*); por trás do *Ansich* para a consciência aparece uma segunda realidade que é *an sich* para si mesma. A consciência tem agora dois objetos (*Gegenstände*), o "primeiro *Ansich*" e "o segundo, *das Für-es-sein dieses Ansich*" (73). Então, ao descobrir o "segundo objeto", a consciência descobre que sua própria subjetividade modificou-se em relação ao primeiro sujeito, que experimentara o objeto como o primeiro *Ansich*, convertendo-se num segundo sujeito que se experimenta como estando em movimento. "Esse movimento dialético que a consciência exerce em si mesma, relativo tanto ao seu saber como ao seu objeto, na medida em que dele surge seu novo verdadeiro objeto, é aquilo que é propriamente [*eigentlich*] chamado de *experiência*" (73). Esse movimento, adverte Hegel, não deve ser confundido com o movimento do conhecimento avançando ao nível da também convencionalmente chamada experiência, na qual a verdade baseada na observação de uma coisa pode ser externamente falsificada pela observação conflitante de outra coisa. O novo objeto não surge como um novo objeto externo, mas mediante uma "conversão da consciência" (*Umkehrung des Bewusstseins*) (74). A *Umkehrung* é um "acréscimo nosso" (*unsere Zutat*); mediante o "acréscimo", a "sucessão das experiências da consciência eleva-se a um processo científico"; a sucessão não é tal processo científico para a consciência do "primeiro" nível da experiência no modo sujeito–objeto "que contemplamos" (74).

3 A deformação da *periagoge*

A ambiguidade da formação–deformação na "experiência" de Hegel, assim como seus meios de expressão, está aparente nas páginas precedentes. As estruturas que ele tenciona esclarecer por meio de suas reflexões sobre o *Ansich* e o *Für-es* são reconhecíveis. Elas são o paradoxo da intencionalidade-luminosidade e o complexo simbólico consciência–realidade–linguagem. As dificuldades que Hegel enfrenta tornam-se tangíveis no uso do símbolo "*Umkehrung*", que recorda a *periagoge* do prisioneiro da caverna de Platão, o seu volver-se das sombras na parede para ascender à luz. Hegel está na posição do prisioneiro, abertamente em revolta contra as sombras na caverna de sua época, sejam elas deformações doutrinais da teologia, deformações proposicionais da metafísica ou da ontologia, o intelectualismo argucioso, o criticismo ou o ceticismo de segunda classe, a exuberância extaticamente fantasiosa, a admonição edificante ou a elevação sentimental e irrefletida. Até aqui, o movimento de Hegel é igual ao platônico. Se, porém, buscarmos a mesma luz brilhando do Além que força (*anangkoito*), diretamente ou por um mediador, o prisioneiro a se virar, receberemos ao invés a informação de que a *periagoge* é *unsere Zutat*, um acréscimo ou adendo nosso. A *periagoge* não é uma resposta assertiva, mas uma ação autoafirmativa.

Nesse ponto, a interpretação tem de se tornar linguisticamente pedante, pois a ambiguidade da formação–deformação se manifesta na ambiguidade da linguagem de Hegel.

4 A inversão da formação e da deformação

Se a *Umkehrung* é uma *Zutat*, um acréscimo, tem de ser acrescida a algo que existe sem o adendo. O que é então essa coisa que existe em independência? No contexto de Hegel, é a "experiência" no modo do primeiro *Ansich*, a "experiência" que permite tratar a simbolização luminosa da realidade-Isso no modo da intencionalidade como uma ciência das coisas dadas a um sujeito. É a *natürliche Erkenntnis* em sua aplicação deformadora à realidade-Isso. Ao aceitar a deformação da consciência-realidade como a "primeira" experiência, o caso patológico se torna o modelo pelo qual as estruturas da consciência serão medidas; as Segundas Realidades deformadas tornam-se a "primeira" realidade à qual a formação acrescentar-se-á como um adendo; a ordem relacional da formação e da deformação foi invertida. Essa inversão peculiar deve ser vista como uma marca distintiva da situação histórica. Ela é sintomática do grau em que a experiência e a simbolização da consciência existencial haviam se tornado inconscientes na consciência pública do debate intelectual da época. A situação da filosofia por volta de 1800 era deplorável, legitimando a revolta das melhores inteligências, mesmo que a revolta culminasse em sua própria deformação.

5 A linguagem pronominal

A linguagem pronominal usada para identificar o agente no processo da ação não é menos questionável. A conversão é um acréscimo "*unsere*". Passando do pronome possessivo para o pronome pessoal: quem é o "nós" que acresce? Na Parábola da Caverna, é o homem em sua existência pessoal e social quem se volta para a luz, respondendo em sua busca da verdade à atração do Além divino. Quem é então o "nós" de Hegel? Seria o homem, em sua busca da verdade, encontrando a verdade por si mesmo sem a atração do divino? Ou é o Deus quem atrai? Todos os homens se voltam ou apenas Hegel? E, se for apenas Hegel, ele se volta por si próprio ou é atraído por alguma outra força? Todas essas questões manifestamente exercem sua pressão nas declarações programáticas de Hegel, mas nenhuma delas é diretamente respondida. A linguagem pronominal é habilmente empregada para ocultar o que está realmente sucedendo. Hegel não pretende ser o único filósofo a ter experimentado a *Umkehrung*; pelo contrário, ele reconhece que a *Umkehrung* está presente onde quer que uma voz cética se levante contra um simbolismo filosófico ou teológico que alegue que seus símbolos são definitivos como o conhecimento da verdade em seu *Ansich*. A verdade está em movimento; mais ainda, como vimos, o movimento é a verdade. Todo simbolismo que afirma ter conhecimento definitivo do *Ansich* como um objeto "decai" (*sinkt herab*) para a consciência passando a um *Für-das Bewusstsein-Sein des Ansich* (74). "Essa circunstância" (*dieser Umstand*) é a "necessidade" (*Notwendigkeit*) que conduz as figuras da consciência em sua sequência. "Somente essa mesma necessidade, ou a *gênese* do novo objeto, oferecendo-se a uma consciência que não sabe o que lhe acontece, é o que ocorre [*für uns*] como que por detrás de suas costas". Por meio dessa necessidade introduz-se no movimento da consciência "um fator [*Moment*] do *Ansich-oder Fürunssein* que não está presente na consciência que está ela mesma inserida na experiência". Embora a gênese (*die Enstehung*) do novo objeto ocorra por detrás das costas da consciência, o produto resultante (*das Enstandene*) é um conteúdo *für es*, para a consciência; mas o que concebemos (*begreifen*) acerca desse conteúdo é somente a formalidade (*das Formelle*) de sua pura gênese. *Für es*, para a consciência, o produto existe apenas no modo do objeto; *für uns*, é, ao mesmo tempo, movimento e vir a ser (74).

6 Os *pronomina* de Hegel e os *nomina* de Platão

Nas passagens supracitadas, Hegel representa o papel ambíguo de um prisioneiro na caverna que assume o controle da *periagoge*. Se quisermos entender o significado desse jogo com os *pronomina*, teremos de relacioná-los aos *nomina*, isto é, aos símbolos reconhecidamente platônicos que a linguagem pronominal pretende eclipsar. Apontamos anteriormente o propósito geral de conduzir ao seu Fim maiusculizado o processo inconclusivo da filosofia no sentido platônico, mediante a criação de um Sistema da Ciência especulativo. Tivemos então de constatar a transmutação da *periagoge* de Platão na *Umkehrung*, com a curiosa consequência de inverter a relação entre formação e deformação: a força formativa tornou-se um adendo, enquanto a deformação proposicional dos símbolos filosóficos, as "sombras", tornou-se a "experiência" *natürliche* primária. E agora temos de apontar a luz divina que irradia do Além e força o prisioneiro a se voltar, transmudada numa *Notwendigkeit*, uma necessidade que opera por detrás das costas da consciência dos prisioneiros e "nos" força a produzir na Caverna sucessivas sombras intencionalistas proposicionalmente deformadas, até que Hegel apareça e suprima as produções inconscientes elevando à consciência o seu significado como um processo milenar do espírito absoluto com o propósito de por fim revelar-se absolutamente no Sistema da Ciência.

7 A consciência invertida como inconsciência

A deformação dos símbolos platônicos revela o conflito extraordinário com a realidade contido nas declarações programáticas de Hegel. Hegel tenciona criar uma "ciência da experiência da consciência" e seu procedimento consiste em eliminar da consciência a experiência do filósofo de ser atraído para sua busca da verdade pela realidade divina a partir do Além. A atração se torna uma "necessidade" indeterminada por detrás das costas da consciência; o que se introduz na consciência é apenas o corpo de símbolos literários produzidos pela "necessidade". O que está implicado nessa construção é tão inacreditavelmente grotesco que dificilmente se ousa expressá-lo abertamente: toda a obra de Platão de uma vida dedicada a explorar a experiência da busca, de seus movimentos e contramovimentos humano-divinos, da subida à altura do Além e descida à profundeza cósmica da alma, às meditações anamnésicas, à análise da existência nas tensões entre vida e morte, entre *nous* e paixões, entre verdade e sonhos obstinados, à Visão (nas *Leis*) da força formativa divina — esse drama intensamente consciente da busca, essa realidade da consciência e de sua simbolização luminosa na existência de um filósofo são excluídos da "experiência da consciência" e relegados a uma "necessidade" inconsciente por detrás das costas de Platão. Juntamente com a consciência da existência noética e sua simbolização, há, excluída da consciência, a distância reflexiva de Platão em relação à sua obra, sua consciência de sua obra como um evento que assinala um Antes e um Depois na história da verdade sem concluir a busca da verdade. O que resta para a "consciência" é um corpo de obras literárias, a ser compreendido de forma fundamentalista como um conjunto de proposições no modo sujeito–objeto, com Hegel convenientemente se esquecendo das enérgicas declarações de Platão de que quem quer que o compreendesse dessa maneira não haveria compreendido o que ele estava fazendo.

8 O inconsciente público (Jung-Kerényi)

Mas nós não estamos empreendendo uma crítica de Hegel. Procuramos deslindar as ambiguidades de um programa representativo da confusão intelectual de sua época e determinar outras confusões que chegam até os nossos dias. No momento estamos interessados nas confusões causadas pelas modificações no significado de "consciência" e "inconsciente". Se a deformação intencionalista da consciência por meio do ato de reflexão for aceita como o modelo da consciência, as experiências formativas da estrutura da consciência não se ajustarão ao modelo; elas terão de ser excluídas da consciência. Dado que a exclusão, no entanto, não abole sua realidade, e que a proposta formativa do programa é recuperar as experiências perdidas na época, deparamo-nos com o curioso resultado de que a "experiência da consciência" é efetivamente recuperada, mas, ao sê-lo, tem de ser classificada como um tipo de "inconsciência".

Os fenômenos desse tipo são bem conhecidos. Como um impressionante exemplo, menciono os famosos estudos de Jung e Karl Kerényi sobre a Criança Divina, o Kore e o mistério eleusino, publicados em 1942 sob o título *Einführung in das Wesen der Mythologie* [Introdução à essência da mitologia]. Os excelentes estudos de Kerényi no âmbito do anteriormente pouquíssimo conhecido simbolismo da Criança Divina revelam seu significado como a experiência da nova vida formativa emergindo de uma realidade-Isso perigosamente resistente, a ser cruelmente destruída, apenas para erguer-se num novo princípio, isto é, a experiência da realidade-Isso abrangendo a realidade mortal das coisas, ou, na formulação explícita de Jung, a experiência "do princípio e do fim". A Criança Divina é uma simbolização consciente do paradoxo da realidade, da estória que a realidade tem a contar sobre si mesma por meio da estória contada pelo homem. Os estudos analíticos de Jung, então, confirmam a "realidade" do simbolismo mediante seu reaparecimento, na forma de partes fragmentadas, nos sonhos e visões de pacientes que sofrem de distúrbios mentais porque suas consciências perderam essas experiências.

Contudo, quanto mais concordamos com as importantes descobertas empíricas dos dois estudiosos, mais nos espantamos de vê-los classificar os símbolos explorados como "inconscientes". Essa classificação significa que os antigos simbolizadores não estavam cientes das experiências que estavam expressando ao criar seus símbolos? Os partícipes nos rituais eleusinos não sabiam por que aderiam à sua execução? Por que desejavam ser iniciados? Seriam os iniciados inconscientes do mistério que lhes era revelado, do mistério da imortalidade abrangendo a mortalidade? Estariam eles apenas parados ali, derivando "arquétipos" do "inconsciente coletivo"? Em suma: os membros do culto do mistério teriam realmente de esperar por Jung e Kerényi para descobrir aquilo de que estavam inconscientemente conscientes?

As questões suscitadas não pretendem denigrir os símbolos junguianos da consciência e do inconsciente como destituídos de sentido, mas sim pôr em foco sua ambiguidade. O absurdo de caracterizar os simbolizadores antigos como "inconscientemente conscientes" revela seu sentido tão logo reinvertemos a inversão e caracterizamos os simbolizadores modernos como "conscientemente inconscientes". O simbolizador moderno é realmente "inconsciente", mas está tomando ciência disso e tentando recobrar a "consciência" por meio do estudo do mito que ofereça uma visão dos movimentos e das estruturas da consciência mais rica e penetrante que o balbucio de sua época. Essa reinversão da inversão, eu gostaria de salientar, não é o meu "adendo" à categorização de Jung, mas representa o mais exatamente possível sua própria consciência de estar inconsciente. A "psicologia", insiste ele, "transfere o discurso arcaico do mito para um mitologema moderno — evidentemente ainda não reconhecido como tal — que constitui um elemento do mito 'ciência'" (146). Na "psicologia" de Jung, testemunhamos a "consciência" ambígua se tornando ciente de ser "inconsciente", assim como o bravo empenho de recobrar a consciência por meio do estudo de suas manifestações na história e o esforço lamentavelmente não tão bem-sucedido de obter a linguagem que expressará a recém-diferenciada experiência. Dos "mitologemas modernos" ambíguos desenvolvidos por Jung, manterei o símbolo "inconsciente" num dos significados que o compõem, usando-o, como já fiz, para denotar um estado socialmente dominante da consciência deformada pelo esquecimento que causa perturbações pessoais e sociais da ordem. Nesse sentido, ele será empregado para denotar não só o estado contemporâneo do inconsciente público, mas também os estados comparáveis em outras situações culturais, como por exemplo o estado helênico da inconsciência pública contra o qual Platão se revoltou[5].

9 O ato de esquecimento imaginativo

No caso de Jung, estamos no estágio em que um percurso representativo da consciência ambígua está se tornando consciente de ser inconsciente; no caso do programa de Hegel, estamos no estágio em que um pensador representativo, resistindo às deformações dominantes na época, reconstrói o inconsciente público da época, num nível diferenciado, como um novo tipo de

---

[5] C. G. Jung e Karl Kerényi, *Einführung in das Wesen der Mythologie*, Zurich, [4]1951. A tradução utilizada na versão inglesa é a editada por R. F. C. Hull, *Essays on a science of mythology*, Princeton, 1969, 98.

consciência. O programa, embora seja claro quanto à sua intenção, permanece ambiguamente opaco, porque não consegue digerir analiticamente os vários elementos da experiência que nele convergem. Um desses elementos expressou-se na grotesca inversão da consciência noética de Platão num estado de inconsciência; tenho de enfatizá-lo, pois Hegel tornou-o central em seu programa. Mas por que ele efetuou o ato grotesco de descartar como "desprovida de valor científico" (57) a simbolização platônica da consciência noética por meio do mito, enquanto mantinha a própria estrutura do mito em suas transformações da *periagoge* na *Umkehrung* e também do movimento existencialmente formativo na *metaxy* rumo ao Além divino numa "necessidade" que opera "por detrás das costas" do pensador? Essas transformações não podem ser explicadas como simples mal-entendidos causados pela leitura descuidada das fontes: antes, elas pressupõem que a estrutura noética, junto com sua simbolização platônica, está muito presente na consciência de Hegel, embora ao mesmo tempo se deseje que essa presença não esteja presente. Confrontamo-nos com um ato deliberado de esquecimento imaginativo e temos de indagar quais seriam as razões experienciais pelas quais a simbolização da existência em tensão rumo ao Além era obnóxia para Hegel como o pensador que articulou representativamente o inconsciente de sua época. Qual é a necessidade por trás de suas costas que o força a deformar o *Nous*?

10 A autoanálise da consciência ativista

Ao responder a essas questões, não temos de nos introduzir na psicanálise ampliada. A autoanálise hegeliana de seu próprio inconsciente concentra-se com admirável clareza em sua oposição do símbolo "*Geist*" ao *Nous* platônico. Antes de tudo, Hegel faz sua declaração programática: "Que a verdade só é real como um Sistema, ou que a substância é essencialmente sujeito, é expresso na percepção [*Vorstellung*] que pronuncia o Absoluto como *Geist* — esse conceito mais sublime que pertence à era moderna [*neuere Zeit*] e à sua religião" (24). Quando indagamos pelo significado e pelo contexto histórico desse símbolo moderno, recebemos a informação (no capítulo sobre Boehme, em *Geschichte der Philosophie*, II, 300): é o "princípio protestante situar o mundo do intelecto [*Intellektuel Welt*] no interior da própria mente [*Gemüth*], e ver, conhecer e sentir na própria autoconsciência tudo o que previamente estava Além". Quando o princípio protestante por fim reconciliou a prévia separação entre este mundo e o Além, quando os antecedentes históricos da autoconsciência, o *Nous* de Anaxágoras, as Ideias de Platão e o último remanescente do Além, a *Ding-an-sich* kantiana, foram conceitualmente penetrados e absorvidos na imanência da consciência que move a si mesma, quando, nesse processo, o conceito se tornou Ser, e o ser se tornou Conceito, então o âmbito do *Geist* chegou à sua verdade (46). O âmbito em sua verdade é por fim apresentado por Hegel em sua *Logik*. Acerca dessa apresentação e de seu conteúdo, ele diz: "esse âmbito é a verdade, como ela é sem véu em si e para si. Por conseguinte, pode expressar-se da seguinte maneira: seu conteúdo é a apresentação de Deus como ele é em seu Ser eterno [*ewiges Wesen*] antes da criação da natureza e de um *Geist* finito" (I, 31). A passagem transfigura o evangelho de São João 1,1. De acordo com o evangelho, o Logos estava no Princípio com Deus; agora o Princípio mostra-se como não mais que um princípio no tempo que chega à sua revelação plena, ao seu verdadeiro Fim moderno, no *Geist* da *Logik* de Hegel[6].

O inconsciente de Hegel, no entanto, é mais do que a proclamação do *Geist* como um princípio protestante moderno sugere, pois faz que o princípio "moderno" abarque uma variedade de elementos herméticos, apocalípticos, gnósticos e neoplatônicos da experiência. Até Platão, embora seu mito seja desprovido de valor, tem de ser elogiado por seu *Parmênides*, "a maior obra de arte da antiga dialética", corretamente considerada, em alguns momentos, "a verdadeira revelação e a expressão positiva da vida divina" (57). A sentença laudatória se aproxima do autoelogio de Hegel de sua *Logik*. Mais próxima de seu *Geist* programático, todavia, é a declaração programática de Marsílio Ficino, na introdução à sua tradução do *Corpus hermeticum*, de que a Mente Divina "pode brilhar em nossa mente e podemos contemplar a ordem de todas as coisas como existem em Deus", uma declaração que Hegel provavelmente desconhecia. Isso nos faz lembrar do desejo gnóstico, condenado por Ireneu, de ler em Deus como num livro.

Entretanto, quaisquer que sejam as ramificações da experiência que possamos acrescentar, o dominante no símbolo "*Geist*" segue sendo uma escatologia paraclética, a visão de um descenso do Espírito que alcançará aquilo que as cristandades de Pedro e de Paulo não alcançaram — isto é, a Parusia definitivamente salvacional do Além neste mundo. Entregar-se a essa fantasia, e propor, no

---

6 HEGEL, *Vorlesungen über die Geschichte der Philosophie* (v. 19 da edição de jubileu, ed. Herman Glockner), 3, 300. Ver também HEGEL, *Wissenschaft der Logik*, ed. Georg Lasson, Hamburg, 1963, parte 1, 31.

curso de sua realização ativista, a abolição da filosofia requeria um considerável grau de inconsciência a respeito do tratamento desse problema por parte dos pensadores helênicos, helenistas e medievais. Temos agora de identificar o trauma que esse estado peculiar de inconsciência ativista causou na época de Hegel.

11 O trauma do ambiente ortodoxo

Hegel, como muitos de seus contemporâneos e sucessores até Nietzsche, Jung e Heidegger, havia sido vítima de sua educação sob as pressões de um ambiente ortodoxo. Ele havia sido exposto, com uma intensa experiência de resistência, à deformação do complexo consciência–realidade–linguagem, à deformação da realidade-Isso na realidade-coisa, da luminosidade na intencionalidade, dos símbolos em conceitos definicionais. O Além, o símbolo criado por Platão para expressar sua experiência da realidade divina como formativamente presente nos movimentos participativos da *metaxy*, tornou-se um objeto situado espacialmente, um *Jenseits* deste mundo; e a simbolização platônica do *Nous* divino como o Ser além dos seres finitos foi transformada no conceito de uma coisa existente além das coisas existentes. Na linguagem de Hegel, os símbolos experienciais Além e Ser tornaram-se entidades com um artigo definido, *das Jenseits, das Sein*. Por fim, a deformação linguística tornou possível para o símbolo Ser aparecer como o predicado nas proposições nas quais o Deus da ortodoxia cristã tornou-se o sujeito, como em *Gott ist das Sein*. Os símbolos noéticos e pneumáticos, helênicos e judeu-cristãos foram transformados em conceitos intencionalistas a ser manipulados por pensadores proposicionais. A conquista irreversível de Hegel é ter compreendido inteiramente a deformação dominante dos símbolos, e seu grandioso fracasso foi ter tentado chegar a uma solução fundindo a realidade-Isso e a realidade-coisa no novo simbolismo do *Sein*, um sujeito que desdobra sua substância "dialeticamente" no processo histórico até chegar a seu *eschaton*, seu Fim, na conceituação plenamente articulada de sua autoconsciência, abrangendo assim a própria realidade abrangente.

12 Deus: o som sem sentido

Embora seja difícil, se não impossível, apresentar a conquista ou o fracasso de Hegel em suas próprias palavras, considerando a ambiguidade de sua linguagem, é possível identificar o ponto em que a deformação dominante provoca sua severa resistência: o ponto traumático está manifesto em sua preocupação com o *Gott ist das Sein* proposicional.

Nessa proposição, "Deus" é para Hegel o sujeito em dois sentidos. Em primeiro lugar, ele é o sujeito gramatical do qual Ser é predicado; em segundo lugar, ele é um sujeito no sentido de uma consciência autorreflexiva. Como sujeito gramatical, Deus é para Hegel uma entidade supérflua. Se as sentenças começam com "Deus" — como em "Deus é eterno", ou "o Amor", ou "o Ser", ou "o Uno" —, então Deus é um som sem sentido, um mero nome, e só o predicado diz o que ele é; "esse princípio vazio [da sentença] só se torna conhecimento real em seu fim". Poder-se-ia justificadamente indagar, portanto, por que não falar unicamente do sentido predicativo, "sem acrescentar o som *sem sentido*" (22). Por conseguinte, numa discussão filosófica poderia ser proveitoso "evitar o nome de Deus" (54). Assim, como sujeito gramatical, Deus tem de ceder seu lugar ao Ser. Todavia, mesmo no lugar gramatical Deus ainda tem alguma utilidade. As proposições incriminadas refletem "a necessidade de imaginar o Absoluto como Sujeito". É verdade que as proposições apenas põem o Sujeito, mas não o representam em seu movimento auto-reflexivo; mas a palavra "Deus" ao menos indica que se postula "um ser ou uma essência ou alguma coisa em geral, mas um algo que é autorrefletido, um Sujeito". Mas mesmo essa concessão poderia ser demasiadamente generosa, pois a imagem "Deus" meramente "antecipa o Absoluto como Sujeito, na medida em que o põe somente como um ponto quiescente", não na realidade de seu Ser como um "movimento" conceitual (23). Conferir ao Ser de Hegel o movimento do Intelecto divino, sem o qual, de outro modo, esse Ser não seria mais que uma "generalidade", parece ser o último — e não de todo indubitável — serviço que Deus pode prestar.

13 Ambiguidade e validade paradoxal

As famosas e provocativas passagens permanecerão analiticamente ininteligíveis a menos que as experiências deformadas pelo ato ambíguo de resistência sejam identificadas.

O que se impõe à nossa atenção, antes de tudo, é o jogo questionável com o símbolo "sujeito". Se sua ambiguidade fosse relevada como um simples equívoco, invalidando a construção, perder-se-ia a questão experiencial subjacente. Temos de distinguir o componente experiencialmente válido da equivocação de sua deformação. Encontramos o que chamo de componente experiencialmente válido em nossa própria análise da consciência. Por um lado, o sujeito da consciência visava à realidade como seu objeto, motivando o símbolo de uma realidade-coisa; por outro lado, os atos da consciência situada corporalmente revelaram-se eventos na realidade-Isso e, sob esse aspecto experiencial, tiveram de ser proposicionalmente "predicados" da realidade-Isso como seu "sujeito". A equivocação não foi um erro lógico, mas a manifestação linguística do paradoxo da consciência, da intencionalidade e da luminosidade, que estende sua estrutura aos problemas da realidade, da linguagem e da imaginação. A estória da busca da verdade tem uma linguagem, a linguagem do conto, na qual os símbolos que expressam as experiências se tornam sujeitos nas sentenças com predicados como se fossem "coisas" detentoras de propriedades. Se a consciência das experiências que geraram os símbolos não é preservada ou restaurada, a tensão narrativa-acontecimento na estória pode levar a enganos literalistas. Hegel, temos de reconhecer, encontrou e apreendeu o problema; com efeito, efetuou algumas observações muito importantes acerca da linguagem do conto, como veremos no devido tempo. Mas, se suas noções ainda assim permaneceram ambíguas, deve-se procurar a razão disso em sua resistência ao símbolo deformado "Deus" sem uma análise suficiente das razões experienciais para sua formação ou dos modos históricos de sua deformação.

14 Deus: a experiência de sua morte

Hegel é um pensador instruído sobre a história e de formidável habilidade analítica. Diante da declaração de que o símbolo "Deus" é um som sem sentido, a indignação religiosa seria uma resposta tão fátua quanto a manifestação de regozijo esclarecido. Quando um Hegel é ambíguo, sua ambiguidade reflete um problema fundamental na estrutura da consciência que se tornou opaco em sua época. Embora a manifestação radical da opacidade nas declarações de Hegel seja um evento especificamente "moderno", a estrutura paradoxal dos símbolos revelatórios no pano de fundo, assim como o potencial de sua deformação sobrecarregaram a linguagem dos deuses com seus problemas até onde remontam nossos registros escritos, isto é, ao Egito do terceiro milênio antes de Cristo. Ademais, os problemas desse tipo atingiram um novo nível de gravidade desde que o símbolo "Deus" se tornou diferenciado no chamado sentido monoteísta. A opacidade na época de Hegel tem de ser compreendida em seu contexto histórico como a culminação de uma luta milenar com os paradoxos da revelação divina. Nessa situação, a única resposta criticamente possível é a análise do sentido do símbolo "Deus" ao emergir da experiência da realidade na Antiguidade helênica, uma análise que terá de incluir os problemas da formação e da deformação em torno de sua gênese. Essa análise será apresentada nas seções imediatamente seguintes do presente capítulo.

Antes de nos dedicarmos a essa análise, contudo, temos de identificar a característica da ambiguidade de Hegel que a torna representativa de uma fase histórica "moderna" naquela luta milenar. Essa característica foi frequentemente observada de maneira incidental, mesmo no nível dos gracejos; mas, até onde sei, nunca foi adotada como tema de análise de modo a fazer justiça ao alcance da consciência histórica de Hegel. Chamarei essa característica representativa de traço sério-cômico do moderno movimento "Deus-está-morto".

O movimento tem de ser levado a sério: a fórmula concisa sobre o "som sem sentido" não é idiossincrática, mas tem de ser aceita como a expressão de autoridade do movimento "Deus-está-morto" que caracteriza um período da modernidade ocidental que agora dura por cerca de trezentos anos. Os fenômenos históricos são bem conhecidos. Menciono apenas, antes de Hegel, o ateísmo iluminista, sua radicalização ativista em *Encore un effort, Français...* (1793) do marquês de Sade, e o contraponto paralelo no sonho depressivo-resistente de Jean Paul, *Rede des toten Christus von Weltgebäude herab, dass kein Gott sei* (1794); e, desde Hegel, a variedade de metodologias positivistas antiteístas, a psicologia de projeção de Feuerbach e Marx, a reflexão nietzschiana sobre "o assassinato de Deus" e, no século XX, a explosão existencialista da literatura da corrente "Deus-está-morto".

Mas o movimento também tem seu toque cômico: o Deus que é declarado morto está vivo o bastante para ter mantido seus agentes funerários nervosamente atarefados já por três séculos. Entretanto, a vida que ele está levando, antes e depois de sua morte, é conturbada e complicada. Ao ser interrogado por eminentes pensadores, Deus não parece saber ao certo se é uma substância ou um sujeito (Spinoza/Hegel), ou, talvez, ambos, ou se não existe de modo algum, se é pessoal ou impessoal, consciente ou inconsciente, racional ou irracional, se é só espírito ou se também é matéria, se é somente uma ideia reguladora (Kant), se é ou não é idêntico a si mesmo, ou se é a identidade da identidade e da não-identidade (Hegel), se é um ser ontológico ou teológico, ou ambos, ou se é algo inteiramente diferente (Heidegger). O que é absoluto nesse debate ambíguo sobre o Absoluto é a sua seriedade mortal. Deus parece ser o único que pode rir da situação.

15 A mortalidade e a imortalidade dos deuses

Não se podem negar nem a seriedade do movimento "Deus-está-morto" nem o seu toque de comédia. Ambas as características derivam do paradoxo no complexo consciência–realidade–linguagem. A linguagem dos deuses simboliza a experiência da Parusia do Além. A realidade divina é experimentada como presente nos movimentos ordenadores divino-humanos da alma, e, ao mesmo tempo, como algo que está "além" de sua presença concreta. Na análise de Santo Tomás de Aquino, por exemplo, aparece o Deus pessoal que porta o nome próprio "Deus", mas, por trás do Deus que profere sua Palavra e ouve a palavra da oração, assoma o Deus sem nome, impessoal e tetragrâmico. O Deus que é experimentado como concretamente presente permanece o Deus além de sua presença. Assim, a linguagem dos deuses é provida do problema da simbolização da experiência de uma realidade divina não experienciável. Embora os símbolos imaginativos que expressam essa experiência nunca sejam conceitos intencionalistas definindo a natureza de um deus, eles têm, linguisticamente, a aparência da linguagem no modo da realidade-coisa. Consequentemente, se a linguagem dos deuses for erroneamente entendida como uma linguagem conceitual referente a uma entidade divina "além" da experiência do Além e de sua Parusia, os deuses terão de morrer quando sua linguagem for substituída por uma linguagem mais adequada no processo diferenciador da busca da verdade. A cena histórica fica repleta de deuses mortos. Se, porém, esse erro não for cometido, se a consciência da experiência e da simbolização permanecer viva, ou for alcançada, a sucessão dos deuses se tornará uma série de acontecimentos a ser lembrados como a história da Parusia do Além divino vivo. Não o Além, mas sua Parusia na consciência corporeamente situada do homem inquiridor, a experiência da realidade divina não experienciável, tem história: a história da verdade emergindo da busca da verdade. Sob esse aspecto, o esforço sério da busca da verdade adquire o caráter de uma comédia divina.

Hegel estava plenamente ciente das estruturas paradoxais e reflexivamente distanciadoras na linguagem dos deuses. Enumerarei as principais questões a respeito das quais ele expressou sua consciência na *Fenomenologia*:

(a) Ele sabia que, ao morrer em sua "era moderna", os deuses não estavam morrendo pela primeira vez na história. Nas civilizações antigas os deuses também haviam morrido. Numa variação da *theologia tripartita* estoica, nos três capítulos sobre "religião natural", "religião da arte" e "religião revelada", ele lembrou os deuses que viveram e morreram no passado. Em particular, ele refletiu sobre os deuses olímpicos através da dissolução nas "nuvens" da comédia de Aristófanes (517-20; ver também os comentários sobre a *komische Bewusstsein*, 523).

(b) Hegel, sabia, além disso, que os deuses, ainda que morram na história como vítimas do processo diferenciador da verdade, têm de ser "lembrados" como deuses vivos, pois sua pluralidade em coexistência e sucessão é a Parusia do Além vivo (508). Hegel, embora tenha declarado formalmente que o próprio Deus morrera (*dass Gott gestorben ist*) "na abstração da *Wesen* divina" à qual se entregavam seus contemporâneos doutrinários (523, 546), sabia que o Deus morto estava vivo o bastante para celebrar uma Parusia no Sistema da Ciência: na *Fenomenologia*, a *theologia tripartita* é seguida por essa Parusia no capítulo conclusivo sobre "O conhecimento absoluto" — uma Parusia, ainda que libidinosamente deformada pela especulação autoafirmativa de Hegel.

(c) Por fim, e mais importante, um conhecedor dos antecedentes históricos de seus próprios esforços analíticos, Hegel estava familiarizado com o simbolismo hesiódico da Lembrança (507-8). A *Mnemosine* divino-humana, o símbolo que devemos à imaginação criativa de Hesíodo, diferenciou de modo rudimentar a distância reflexiva da consciência em relação ao processo paradoxal da realidade. Hesíodo simbolizou, nos limites de sua linguagem compacta, a distância "recordativa" em relação à experiência da realidade como um Todo, e, em particular, à experiência do Além divino não experienciável e sua Parusia nos deuses que vivem e morrem. Ao diferenciar a experiência da distância reflexiva, ele abriu a consciência para o processo da realidade como uma estória inacabada. Hegel, por sua vez, entendia muito bem a Lembrança como o constituinte da consciência histórica; mas ele queria terminar a estória. Para esse propósito, a visão noética no interior da estrutura paradoxal da realidade tinha de ser autoafirmativamente deformada na ação de dominar o paradoxo como uma "coisa"; e, com o mistério transformado numa "coisa" a ser dominada, a Lembrança distanciadora que havia aberto o horizonte histórico poderia se tornar instrumento de seu fechamento sob o pretexto de que tudo o que valia ser lembrado acerca do processo da verdade na realidade já havia sido lembrado. Com essas suposições dadas como certas, o processo paradoxal da busca da verdade podia ser assumido como terminado, e a estória inacabada podia ser conduzida ao seu Fim no Sistema da Ciência.

A deformação de Hegel de certas estruturas da consciência, no entanto, não deve obscurecer o fato de que ele agiu em revolta contra a deformação ainda pior das mesmas estruturas no inconsciente público que o cercava socialmente. Ele só pôde deformar as experiências fundamentais porque primeiro as redescobriu, em oposição aos símbolos que haviam perdido sua fonte experiencial de significado e, consequentemente, se tornado um corpo morto de ideias e opiniões. Por conseguinte, a enumeração precedente não deve ser entendida como uma crítica de Hegel, mas, pelo contrário, como uma tentativa de esclarecer e salientar sua realização. Sua redescoberta da fonte experiencial da simbolização, assim como sua identificação dos problemas fundamentais na estrutura da consciência são irreversíveis. O que tem de ser revertido é sua deformação dos problemas identificados. As duas seções seguintes — "A *Mnemosine* de Hesíodo" e "Lembrança da realidade" — analisarão, em sua forma original não deformada, fases do processo da verdade que Hegel, como mostra a enumeração acima, reconhecia como antecedentes de sua própria compreensão da consciência. Por meio desse método será possível, espero, restituir alguma significação aos sons que se tornaram destituídos de sentido.

§3 A *Mnemosine* de Hesíodo

Hesíodo desenvolve o simbolismo de *Mnemosine* em sua *Teogonia*, nas invocações às Musas. A *Teogonia* é notável por seu princípio, não com uma, mas com três invocações. Presumo que elas formam uma unidade de significação. Como unidade, as invocações destinam-se a lidar com os vários aspectos de "começar" um relato — isto é, uma Lembrança da realidade e de suas estruturas — que se supõe ser verdadeiro. A fim de assegurar sua verdade, o relato tem de "começar" com uma inquirição na estrutura da própria busca recordativa da verdade. Desse modo, a responsabilidade noética da busca torna-se temática. No que se refere a esse aspecto temático, o "princípio" triádico da *Teogonia* pode ser comparado às "Invocações" de Hegel do *Geist* na *Vorrede* e na *Einleitung* à *Fenomenologia*. Seguirei o desdobramento do simbolismo ao longo das três Invocações consecutivas[7].

1 A Parusia das Musas — a mediação da verdade divina

Na primeira Invocação (vv. 1-35), as Musas Helicônias são exaltadas como as mediadoras divinas da verdade sobre a realidade, isto é, "sobre as coisas que ainda estão por vir e as coisas que sucederam no passado" (32). O poeta experimenta a verdade da realidade como um Além divino que não pode ser apreendido pela consciência intencional em seu *Ansich*, mas que tem de ser mediado pela Parusia das Musas. Esse movimento divino-humano na *metaxy* é relatado como o evento existencial revelador no qual a verdade da realidade se origina (26-28). O evento vem então acompanhado da asseveração de que a revelação presente será mais verdadeira do que aquilo que foi por vezes revelado aos predecessores do poeta e por eles mesmos. Os símbolos precedentes podem se tornar falsos (*pseudea*) quando, no processo de diferenciação, são substituídos por imagens mais adequadas (*alethea*); Hesíodo está consciente da tensão entre verdadeiro e falso na simbolização imaginativa (27-28). E, por fim, a verdade que as Musas ordenam que ele cante é "da raça dos seres [*eonta*] eternos bem-aventurados, e somente deles antes de tudo e por último" (33-34); não há canção dos deuses sem que sua presença seja mediada pelas Musas. Embora o evento existencial tenha se revelado em seu acontecimento, por ora não se revela nada além do fato de ter acontecido. Estamos no estágio da análise que, em outra ocasião, condensei na seguinte fórmula sucinta: o fato da revelação é o seu conteúdo [*NSP*, 78][8].

2 As Musas lembram aos deuses sua divindade

Na segunda Invocação (36-104), Hesíodo distancia o evento refletindo sobre a estrutura experiencial na revelação da Música. A primeira Invocação

---

7 As referências a Hesíodo nas páginas seguintes, no original em inglês, citam a edição de *Teogonia* publicada pela Loeb Classical Library com edição e tradução de Hugh G. Evelyn-White.

8 *The new science of politics*.

determinou que ele exaltasse as Musas antes de tudo e por último; agora ele obedece: "Comecemos com as Musas" (36).

As Musas são as filhas de *Mnemosine*, a Lembrança, de sua união com Zeus em seu ato de "esquecer os problemas e descansar das preocupações" (53-55). Sua gênese e também sua função são imaginadas como internas à própria realidade divina. O cenário de sua geração é o Além olímpico, ou, antes, um Além joviano superior ao olímpico, pois salienta-se que sua geração se deu "longe dos imortais" (57); e, ao nascer, elas têm de entoar seu canto rememorativo para os olimpianos, mas, acima de tudo, para Zeus, "o pai dos deuses e dos homens" (36-43). As Musas, portanto, medeiam a divindade primariamente para os próprios deuses, e apenas secundariamente para os homens, inspirando a palavra ordenadora de príncipes e aedos (79-104). Mas o que é essa estranha lembrança, interna ao Além divino? De que as Musas têm de lembrar os deuses?

Os olimpianos têm de ser lembrados de sua existência como a presença da ordem divina, vitoriosa sobre a desordem dos antigos deuses dos quais provieram e que ainda estão vivos. A Lembrança, no sentido do símbolo hesiódico, não rememora um passado morto, mas lembra uma presença que só é uma presença viva se está plenamente consciente de sua vitória ordenadora sobre as forças que estiveram outrora tão vitoriosamente presentes quanto ela está agora. Em sua linguagem compacta do mito, Hesíodo expressa sua visão da Lembrança como a distância reflexiva em relação ao evento existencialmente ordenador na *metaxy*. A *Mnemosine* distanciadora é a dimensão da consciência na qual a presença do Além, experimentada como a força ordenadora no evento, adquire a realidade de sua Parusia na linguagem dos deuses. A "existência" dos deuses é a presença do Além divino nos símbolos da linguagem que expressam sua Parusia em movimento na experiência da força ordenadora não experienciável no evento existencial. Com Hesíodo, estamos tocando os limites da simbolização na linguagem dos deuses: não há deuses sem um Além dos deuses.

Estamos no estágio da análise diferenciadora no qual a relação entre os deuses e seu Além está se tornando noeticamente problemática. Na primeira Invocação, as Musas Helicônias medeiam a verdade do Além olímpico inspirando o canto hesiódico. Na segunda Invocação, o Além olímpico adquire uma estrutura interna. Os imortais parecem estar em dúvida acerca de sua própria Parusia como os deuses vitoriosamente ordenadores e têm de ser lembrados de sua presença divina pelas Musas. Mas as Musas não existem até que sejam geradas por Zeus em *Mnemosine*. Um Além joviano se diferencia dos deuses do Além olímpico. Mas tampouco Zeus é o Além último. Embora seja imortal, ele tem de ter nascido para ser imortal; e, ao conquistar sua vitória sobre os outros deuses nascidos, ele tem de ser "lembrado" de sua presença vitoriosa. Ademais, é preciso observar que mesmo após a vitória sua existência persiste tão intensamente atribulada pela luta para manter ordem contra as forças de resistência que ele tem de buscar descanso de suas preocupações na união com *Mnemosine*. As Musas fazem que o deus "esqueça" por um momento a luta contínua, pondo a ênfase de seu canto rememorativo, de modo reconfortante, na presença vitoriosa final da realidade divina ordenadora. No esforço divino na direção de uma existência verdadeiramente ordenada, as Musas entoam um canto visionário da divinamente verdadeira existência além da luta. Seu canto tem um tema apocalíptico, e o apocalipse é cantado não somente para os homens, mas para o próprio Zeus. A existência joviana, com a precária consciência de sua presença, é uma Parusia, isto é, um evento revelatório numa realidade divina abrangente. O próprio Zeus tem um Além. A pressão noética na busca de Hesíodo faz que empilhe um Além sobre outro no *medium* do mito, um processo que prenuncia sua culminação na visão platônica do *epekeina* noético além de todas as coisas existentes, incluindo os deuses e o próprio Zeus. Mesmo quando a visão do Um divino é alcançada, porém, nem Platão nem, depois dele, Plotino negariam a divindade dos deuses antigos. Os antigos deuses tornaram-se "antigos" sob a pressão noética, mas permanecem imortais. Eles não morrerão. Por que não?

3 O conto das coisas (*ta eonta*) divinas

A resposta a essa pergunta é o tema da terceira Invocação (105-115). Hesíodo experimenta o Além, no sentido da força geradora e formativa em toda realidade, tão compactamente presente nas estruturas geradas e formadas, indo desde a tríade primordial do Caos, da Terra e de Eros até os deuses olímpicos, que a Parusia da força não é suficientemente diferenciada de seu Além. As estruturas ainda são compactamente divinas. Embora a pressão noética em seu pensamento seja manifesta, ela não evolui imaginativamente para uma simbolização do Além noético. Esse estágio intermediário da mitoespeculação tem a vantagem de que Hesíodo não é assediado pela tentação de erigir o Além numa entidade intencionalista; por conseguinte, ele não tem de resistir, como

Hegel, ao *Jenseits* de uma Parusia hipostasiada; seus deuses têm Além o bastante para que não tenham necessidade de ser lembrados de sua divindade. Numa linguagem mais diferenciada que a de Hesíodo, porém menos deformada que a de Hegel, teríamos de dizer que os deuses são imortais porque nasceram da presença participativa do Além na tensão divino-humana da *metaxy*, mas que os imortais partilham a temporalidade porque também nasceram da presença participativa da consciência humana responsivamente imaginativa na limitação de sua mortalidade temporal corporeamente situada. A luta inquisitiva pela verdade da realidade é a luta da realidade por sua verdade; ela se dá no interior da realidade e envolve toda a hierarquia do ser, desde as estruturas materiais básicas até a experiência formativa do Além não experienciável. A imortalidade é experimentada pelos mortais; o que nasceu no tempo morrerá no tempo; sua imortalidade é adquirida em virtude de sua participação na estória da realidade-Isso.

Com essa última formulação, estamos retornando aos símbolos de Hesíodo, pois não há participação na estória a ser contada da realidade-Isso a menos que seja "rememorada"; e como ela pode ser "rememorada" a menos que o caráter participativo da estória seja realmente experimentado na existência presente da realidade existencial? A lembrança no sentido hesiódico constitui a consciência como a consciência de sua própria estória na luta da *metaxy*, de sua gênese como parte de uma estória abrangente. Se o presente da realidade existencial não fosse relembrado como uma estória metaléptica, não haveria estória de nada. Se, contudo, a estória da luta na *metaxy*, contada em distância reflexiva, constitui a estrutura da consciência no "presente", então ela constitui seu passado e seu futuro como "Presentes" em seu próprio tempo. A estória participativa, se lembrada no presente da existência, expande-se na estória de seu passado e de seu futuro como a estória das relações entre seus "presentes" — dentro dos limites, é claro, do conhecimento concretamente disponível no momento. Suspeito que o intensamente discutido problema da "historicidade" encontrou, na Lembrança de Hesíodo, um símbolo analítico difícil de ser melhorado.

Espera-se que as Musas da terceira Invocação relembrem a gênese dos deuses, nascidos (*exegenonto*) da Terra, do Céu estrelado, da Noite escura e do Mar salgado (105-107). Os "deuses" nascidos dessa fonte, embora sejam chamados a trazer a ordem para o mundo e para si mesmos na justiça (*Erga* 1-10; *Teogonia* 71-73), não criaram o mundo que têm a incumbência de ordenar. A tensão da criação-salvação está presente na experiência hesiódica da realidade.

A fim de apresentar seu relato da presença criativamente divina no processo da realidade, contudo, as Musas têm de usar a linguagem hesiódica da divindade compacta, isto é, uma linguagem dos deuses que ainda não diferenciou suficientemente a tensão Princípio–Além e a tensão Parusia–Além. Os símbolos que estão à disposição de Hesíodo — e das Musas — são um meio de expressão imaginativa demasiadamente compacto para que seja inteiramente adequado ao grau de diferenciação noética que a experiência atingiu. Consequentemente, a estória contada pelas Musas tem de enfrentar certos problemas de simbolização. A estória deve contar a epifania das estruturas na realidade como uma manifestação da criatividade divina: as estruturas experimentadas, como no livro do Gênesis, vão desde as formas materiais da Terra e do Céu até o movimento formativo do Além divino na *metaxy*; além disso, como no Gênesis, requer-se que as Musas contem essa estória da realidade criacional "desde o princípio" (*ex arches*) (115), e, todavia, elas têm de contar a estória da criatividade divina sem simbolizar o poder criador divino acima de todas as coisas existentes. Mas como um Princípio começa se não há um Além atuante e nada sobre o que atuar? Hesíodo, ao que parece, tem de lidar com o mesmo problema de Hegel, o problema de contar uma estória que pressupõe a experiência do Além sem simbolizá-lo. Há, no entanto, uma importante diferença entre os dois casos. Para Hesíodo, a experiência e a simbolização movem-se imaginativamente rumo à diferenciação do Além, enquanto Hegel tenta anular uma diferenciação alcançada submetendo-a ao esquecimento imaginativo. Algumas observações sobre as ambiguidades na linguagem compacta porém recordativa de Hesíodo tornarão mais inteligíveis as ambiguidades na construção diferenciada porém olvidativa de Hegel.

Os símbolos dominantes na estória de Hesíodo são os "deuses" (*theoi*) e as "coisas" ou os "seres" (*eonta*). O símbolo "deuses" representa, acima de tudo, os olimpianos, mas também sua Lembrança existencial, isto é, *Mnemosine* e as Musas; diz respeito ainda aos "deuses" dos quais os olimpianos descendem, isto é, a Urano e Cronos, mas também a linhas laterais como os Ciclopes e os Titãs; e, por fim, o símbolo tem de abarcar a tríade da sucessão divina, isto é, a tríade Caos–Gaia–Eros. Embora as relações entre os sucessivos estratos de "deuses" sejam simbolizadas como genéticas no sentido biológico, o princípio da linha genealógica permanece ambíguo. É verdade que a cada membro da tríade primordial é atribuída uma posição específica mediante epítetos laudatórios: Caos é distinguido como o primogênito dentre todos; Eros, como "o mais belo dos deuses imortais"; e Gaia, especialmente, a Terra, como "o lugar genético seguro [*hedos asphales*] de todas as coisas [*panton*]" (116-120). Contudo, nenhum deles é a fonte criadora dos outros dois, nem tampouco há por trás deles um agente criador ou um material sobre o qual este pudesse ter atuado. Caos, como salientou Werner Jaeger, não é esse material; ele não é nem a *chora* platônica nem um *tohu wabohu* hebraico, mas a fenda crescente entre o Céu e a Terra. Os membros da tríade são inexoravelmente autogenéticos; sua força criadora é imanente a eles mesmos. Essa ambiguidade de uma realidade autogenética é então composta pelas relações ambíguas entre os símbolos "deuses" e "coisas". As Musas devem contar a estória "das coisas [*eonta*] que são, que serão e que já foram" (38). Mas o que são tais *eonta*? Quando as Musas falam da terra, dos rios e do mar, do céu e das estrelas, e dos deuses deles nascidos, isso soa como se as estruturas cósmicas mencionadas fossem as "coisas" das quais os "deuses" nasceram (108-111), mas, ao retrocedermos na linha genética até a tríade autogenética, não pode haver dúvida de que as estruturas cósmicas são também "deuses". Além disso, quando os próprios olimpianos são denominados "a raça das *eonta* imortais que são eternas" (33, 105), "deuses" e "coisas" parecem se tornar sinônimos. Mas, se são sinônimos, o que seriam então os homens? Eles se tornam "deuses" quando as Musas têm de cantar sobre "a raça dos homens" ou são "coisas" de um tipo diferente? Certamente, o Hesíodo a quem as Musas se dirigem como "um pastor de regiões agrestes, uma abjeção repulsiva, uma mera barriga" (26) não se parece muito com um "deus". E, todavia, quando as Musas concedem a um governante, um *basileus*, os dons de "um julgamento sábio e uma fala graciosa", os membros da assembleia o acolherão com reverência como um "deus" (91), e a mesma divindade parece ser conferida por sua audiência ao cantor, o *aoidos*, que pode dissipar a *dysphrosyne* (angústia, pesar) de um homem com seu canto (93-103).

4 A visão hesiódica da realidade

Dentro dos limites de sua linguagem compacta, as ambiguidades dessa classe não podem ser convertidas em declarações não ambíguas. Elas só podem ser historicamente compreendidas como fenômenos oriundos das tensões entre a experiência existencial, a exegese analítica e a simbolização imaginativa num estágio específico da mitoespeculação. Contudo, compreender historicamente o simbolismo ambíguo não significa estabelecê-lo como um objeto morto num ponto da linha do tempo, como se fosse uma antiguidade a ser preservada por seu valor ornamental; significa, antes, participar em sua presença viva como um evento na busca da verdade. Ele efetivamente possui essa presença, graças à intensidade do esforço noético de Hesíodo em abertura para o Além; e, em virtude dessa abertura, ele não só ilumina a estrutura da consciência que tentamos explorar em seu próprio presente, mas também seu passado e seu futuro ao irradiar luz sobre a estrutura do mito mais compacto do qual emerge, bem como sobre as diferenciações que ainda estão por vir. Articulando assim nosso modo de compreender o evento, estamos de fato participando na visão hesiódica da realidade como "as coisas [*ta eonta*] que são, que serão e que foram antes" (38) — o grande simbolismo que expressa a constância da estrutura experimentada no complexo consciência–realidade–linguagem. Apontarei agora alguns dos raios de luz lançados pela presença do Além no evento sobre suas dimensões temporais do presente, do passado e do futuro.

No que diz respeito ao seu presente: quando os deuses de Hesíodo são coisas e suas coisas são divinas, não devemos suspeitar de equivocações causadas pela inabilidade do poeta em distinguir os deuses, os homens e as coisas do mundo exterior, mas reconhecer (a) os símbolos como ambíguos e (b) a tensão paradoxal da consciência como a fonte de sua ambiguidade. A realidade-coisa e a realidade-Isso, embora sejam sujeitos gramaticais em proposições, não são entidades, mas polos de tensão experimentados como mutuamente participantes no processo da realidade: a realidade-Isso é a dimensão "abrangente" experimentada como presente em todas as coisas, e as coisas são experimentadas como "transcendendo" sua existência para dentro da realidade-Isso. Podemos dizer que toda realidade-coisa transcende para a realidade-Isso, enquanto a realidade-Isso abrange toda realidade-coisa. As ambiguidades das Invocações sugerem que Hesíodo era intensamente sensível à tensão compreender–transcender no Todo paradoxal da realidade. Para ele, a enorme multiplicidade da realidade-coisa trazia a aura divina de transcender para a realidade-Isso abrangente, e, em virtude de sua aura divina, todas as coisas — a terra, o céu, o mar, as estrelas, as montanhas, os rios, as árvores, os animais, os homens — podiam ascender imaginativamente à posição divina, à posição dos "deuses".

Quanto ao seu passado, as ambiguidades mitoespeculativas fazem que nos tornemos cientes das estruturas noéticas no convencionalmente chamado politeísmo, que são mais difíceis de discernir nos níveis mais compactos da simbolização mítica. As coisas têm uma aura divina. Por conseguinte, não devemos nos surpreender ao encontrar tais subdivisões coisais da divindade como os deuses cósmicos do céu e da terra, do mar e do submundo, como os elementos divinamente originadores terra, água, fogo e ar, com a inclusão de um éter divino quintessencial, como as divindades ctônicas, como os deuses teriomórficos e antropomórficos ou as forças psíquicas divinas do amor e da disputa (*eros–eris*).

Inversamente, os deuses têm uma aura coisal. Eles têm um corpo suficientemente coisal para se tornarem atores em estórias de ordem e desordem, de ações benevolentes e malevolentes, justas e injustas, prudentes e emocionais, de sofrimento e de vitória, e até se tornam visíveis, embora seus corpos não sejam compostos da matéria que compõe as coisas do mundo exterior. Cerca de dois séculos depois de Hesíodo, esse corpo coisal porém imaterial dos deuses parece ter se tornado objeto de questionamento meditativo, como se pode depreender das imagens concernentes de Xenófanes e Ésquilo. O Deus Uno de Xenófanes, embora não seja um dos muitos deuses e "não similar aos mortais nem em corpo [*demas*] nem em pensamento" (B 23), parece ter, todavia, algo como um corpo, já que é um deus que "tudo vê, tudo sabe e tudo ouve" (B 24), porém um corpo peculiar que "permanece sempre no mesmo lugar e nunca se move" — sendo impróprio de deus mover-se para lá e para cá —, mesmo quando o deus sem labuta (*anapeuthe ponoio*) está agitando todas as coisas "com o pensamento de sua mente" (B 25); e, nas *Suplicantes* de Ésquilo, encontramos o deus que, de seu lugar sagrado, realiza seu pensamento "de algum modo" (*empas*) sem a força, pois "tudo o que é divino é sem labuta" (*pan apo-non daimonion*) (96-103). Embora a questão paradoxal dos corpos imateriais divinos não deixe de ser objeto de interesse meditativo, ela não se dissolverá sob a pressão da diferenciação: nos contextos pós-clássicos imperiais temos de constatar sua sobrevivência, e até sua força renovada, em simbolismos tais como a matéria espiritual dos estoicos ou a distinção paulina entre um corpo carnal e um corpo dóxico. A mitoespeculação de Hesíodo nos torna cientes das experiências fundamentais da realidade que requerem, para sua expressão, a linguagem dos deuses, mesmo que no processo de diferenciação os muitos deuses sejam substituídos pelo Deus Uno. O passado da experiência não morrerá com a diferenciação; ele faz parte do Todo da realidade, das "coisas que são, serão e já foram"[9].

As coisas-deus participam de uma estória inacabada da realidade. Elas se tornam transparentes para o paradoxo da consciência, pois a mitoespeculação

---

[9] As referências a Xenófanes são da edição de Diels-Kranz, *Fragmente der Vorsokratiker*, Berlim, [7]1954.

de Hesíodo não trata dos deuses ou das coisas como entidades compactamente autônomas em estórias autônomas (mitos), mas de sua aura divina e coisal como polos da tensão no processo genético da realidade como um todo. Há somente uma realidade; essa realidade única está envolvida em seu movimento genético único dos deuses e das coisas rumo à única ordem justa do todo; e, se a ordem é experimentada como estando distante de ser alcançada no presente, sua imperfeição é apreendida como tal por uma visão do todo cuja ordem chegou ao fim da luta por conquistá-la. Dominados por essa visão, os deuses e as coisas perdem seu *status* como entidades compactas e se tornam partícipes na estória abrangente de uma realidade cuja luta pela ordem eles têm de efetuar no momento genético. Nem mesmo o Zeus olímpico, como vimos, é eximido dessa luta participativa, e tem de buscar alívio de seus aborrecimentos por meio de *Mnemosine* e das Musas apocalipticamente rememorativas. A tensão que se experimenta entre o todo não tensional e a luta tensional para sua realização, a tensão entre um Além divino do tempo e sua Parusia temporal, portanto, diferenciou-se na visão de Hesíodo, mas o evento não resultou na criação de símbolos expressivos correspondentes. Os símbolos compactos tornam-se ambíguos, pois têm de portar os significados de uma experiência diferenciada. Estou salientando a discrepância entre a experiência e a simbolização na visão a fim de reforçar que se dê atenção às extraordinárias dificuldades, hesitações e resistências que têm de ser superadas quando um pensador fadado à visão — que é um homem com uma consciência situada em seu corpo, que está situado numa sociedade corpórea com suas tradições de simbolização compactas, que está situada num cosmos corpóreo cuja evolução estrutural culmina na gênese dos seres humanos mortais dotados de consciência — tem de responder à manifestação, em sua consciência, de uma realidade além da coisidade compacta de suas imagens tradicionais da realidade — de um Além dos deuses, um Além das coisas, um Além do cosmos, de uma realidade além da realidade em cuja verdade ele acreditava viver [ele vivia? — ES][10]. A articulação exegética dessa visão e de suas implicações requer esforços participativos e leva tempo. Mencionei anteriormente o período de mais de dois séculos transcorrido para que um detalhe específico, o corpo imaterial dos deuses, se tornasse objeto de atenção na linguagem de Xenófanes e de Ésquilo; e, até quatro séculos depois de Hesíodo, na exploração analiticamente completa do Além das coisas existentes por Platão, a questão experiencial da visão hesiódica ainda teve de assumir a

---

10 ES = Ellis Sandoz.

forma de uma pergunta, na formidável indagação: "Quem é esse Deus?" (*Leis*, 713a), esse Deus além dos deuses dos "poetas", de Homero e Hesíodo.

Em razão da discrepância entre a experiência e a simbolização, a visão de Hesíodo possui um futuro de exegese experiencial e linguística que se estende até o nosso próprio presente e além. Os principais eventos nesse processo — a criação dos símbolos do Além, do Um, do Todo, do Deus Único, do Ser, do Nada, da Plenitude, do Pleroma, da realidade divina, da *viae eminentiae* e *negationis*, do afirmativo (catafático) e do negativo (apofático), da teologia dogmática e mística — serão abordados em contextos posteriores. No momento, esclarecerei o significado de "futuro" na visão, concentrando-me em três eventos, distintos entre si pela proximidade em relação aos problemas suscitados pelo próprio Hesíodo em sua mitoespeculação. São eles: o princípio da razão suficiente na formulação de Leibniz, o símbolo da autogênese conforme desenvolvido pelos neoplatônicos e o significado do símbolo Deus desenvolvido por Tomás de Aquino.

Considero primeiramente o caso moderno, o princípio da razão suficiente na formulação de Leibniz, por representar o mais rico acúmulo do "futuro" hesiódico. Como fontes da análise, uso os ensaios tardios *Les principes de la nature et de la grâce* (*PNG*) e a *Monadologie* (*M*), ambos escritos por volta de 1713, tendo circulado entre estudiosos antes da morte de Leibniz em 1716, mas só publicados postumamente[11].

O problema global na estrutura de realidade suscitado pela visão de Hesíodo é a tensão entre as estruturas tensionais no processo temporal da realidade e o Além não tensional do processo temporal como um todo. Uma vez que o problema é suscitado, é exposto a nova diferenciação nas duas direções de uma compreensão e uma simbolização mais claras do Além e de uma melhor compreensão das estruturas internas do processo temporal, bem como da elaboração imaginativa dos símbolos que expressarão otimamente as tensões experimentadas entre um Além e sua Parusia na epifania espaciotemporal das estruturas. Durante os dois milênios e meio entre Hesíodo e Leibniz, a busca da verdade efetivamente avançou muito em ambas as direções, sendo o processo formativo da experiência e da simbolização como sempre acompanhado pelo processo da reificação deformadora dos símbolos obtidos, com o resulta-

---

11 As citações de Leibniz são de Principes de la nature et de la grâce fondés en raison, in G. W. Leibniz, *Ausgewählte Philosophische Schriften im Originaltext*, ed. Herman Schmalenback, Leipzig, 1915, II, 126 s.

do de que, na época de Leibniz, as coisas-deus do poeta foram formadas e deformadas no Deus-Único dos teólogos e nas coisas dos matemáticos, físicos e biólogos — com os dois polos da tensão fundamental ameaçando dissociar-se em coisas autônomas não relacionadas. Na linguagem de Leibniz, os eventos contingentes do processo espaciotemporal (coisas, *choses*) tornaram-se o objeto de interesse dos *physiciens*, enquanto a relação tensional das coisas com seu Além, com o Deus-Único dos teólogos, tendo se tornado questionável, necessita de uma ressimbolização construtiva por meio dos esforços de uma ciência chamada *métaphysique*.

Operando nesse meio misto de visão, símbolos formados-deformados e análise genuína, Leibniz, falando no papel do metafísico, propõe preservar a unidade do processo único da realidade única "usando o *grand principe*, comumente pouco empregado, de que nada acontece sem razão suficiente, isto é, de modo que alguém que esteja suficientemente familiarizado com as coisas [*qui connaîtrait assez les choses*] não possa oferecer uma razão pela qual tenha acontecido dessa maneira e não de outra". Se o princípio for assumido e aceito (*posé*), surgirão duas questões: (a) "Por que há algo em vez de nada?" e (b) assumindo-se que as coisas têm de existir, "Por que existem como existem, e não de outro modo?" (*PNG*, 7). Essa razão suficiente para "a existência do universo não será encontrada na sequência das coisas contingentes, isto é, nos corpos [*corps*] e em suas representações nas almas [*âmes*]", pois no movimento da "matéria" não se pode encontrar nem a razão do movimento nem a razão de um movimento específico; cada movimento presente pode nos remeter indefinidamente para trás ao seu precedente como sua causa, permanecendo sempre a mesma a questão básica. A razão suficiente que não necessita de uma outra razão será encontrada numa substância além da sequência material (*hors de cette suite des choses contingentes*), numa substância que é a sua causa, numa substância que é "ser necessário, trazendo em si a razão de sua existência. [...] Essa razão última das coisas é chamada de Deus" (*PNG*, 8).

Na exposição do princípio, esforcei-me por preservar tão fielmente quanto possível a complicada linguagem da fonte, consistindo essa complicação na evidência histórica do declínio da luminosidade para a intencionalidade que a linguagem dos filósofos sofreu depois de cerca de 1700 d.C. Como no caso de Hegel, portanto, os seguintes comentários analíticos não devem ser entendidos como críticas dirigidas contra Leibniz, mas como uma tentativa de esclarecer o modo do inconsciente público prevalecente em sua época, um modo do qual o grande pensador não pôde escapar, embora tenha resistido a ele.

Em sua estrutura fundamental, o *grand principe* não difere da visão hesiódica da realidade. A visão, se usarmos o termo no sentido platônico, é a consciência de participar de um Além da realidade-coisa formativo ao partilhar da existência corpórea no processo espaciotemporal; e a visão, nesse sentido, anima o argumento de Leibniz, e, inclusive, anima tão intensamente os seus últimos ensaios que não seria exagero classificá-los na história da visão como um equivalente "moderno" da criação meditativa de um santo medieval com inclinações empiristas, do *Itinerarium mentis in Deum*, de São Boaventura. Contudo, algo ocorreu à estrutura da consciência, o algo que ocasiona os símbolos, surgindo imaginativamente da *metaxy* experiencial da existência, a ser aplanada em nomes de objetos; a experiência das coisas-deus ainda é a questão que necessita ser expressada, mas a linguagem dos deuses está se inclinando para uma linguagem das coisas, das coisas que ameaçam desintegrar-se de uma maneira não divina. Acima de tudo, o símbolo "Deus" padeceu muito. O mistério de uma realidade que é experimentada como uma epifania de estruturas significativa, o significado do todo, porém, não sendo dado, já que seu Princípio e seu Fim são desconhecidos; o mistério de uma realidade-Isso que é experimentada como o Além não experienciável de toda a realidade-coisa e, todavia, como a Presença abrangente nela; o mistério que faz que todas as estórias significativamente estruturadas no interior do processo sejam experimentadas como subestórias da estória abrangente; o mistério do Deus-Uno que evoca a questão platônica "Quem é esse Deus?" — esse mistério encontrou agora uma resposta extraordinária: esse Deus é a "razão suficiente" para uma mente humana em busca de uma explicação causal das coisas. A "razão das coisas" suficiente última é uma substância ou coisa que traz *avec soi* a razão de sua existência. O *grand mystère* tornou-se o *grand principe*, uma informação bem conhecida por um metafísico que conhece o seu trabalho, por um conhecedor das *choses*, um perito em todas as "coisas" das quais Deus é uma.

A deformação do símbolo Deus não está ligada a uma análise de resto sólida, e, portanto, não se deve deixá-la passar em silêncio, pois ela é sintomática de um movimento na consciência para transformar os símbolos em conceitos mediante o esquecimento imaginativo do contexto experiencial do qual surgem, uma tendência que afeta o ensaio como um todo. A tendência se torna inteiramente manifesta nas observações sobre a questão do Algo–Nada, imediatamente seguinte ao estabelecimento do próprio princípio. Uma vez que o princípio é posto e aceito, prossegue Leibniz, certas perguntas têm o direito (*droit*) de ser formuladas, a primeira delas a famosa indagação: "Por que existe algo em vez de nada?". O direito da pergunta é sustentado pelo argumento experiencial de que "o nada é mais simples e mais fácil que o algo". Embora na visão de um Ésquilo "tudo o que é divino é sem labuta", o Deus de Leibniz parece ser uma personalidade que pode fazer que o universo exista, uma atividade que parece requerer algum esforço, ou tomar a via mais fácil de não fazer absolutamente nada, uma formulação de escolha que leva alguém a indagar por que o Deus que "traz *avec soi* a razão de sua existência" não teria escolhido a saída ainda mais simples de tais decisões não sendo a *causa sui*, a solução simples de, antes de tudo, não causar a si mesmo. Esse extraordinário argumento experiencial provoca certa reflexão distanciadora: diferentemente do Deus de Leibniz, eu, de minha parte, considero mais fácil fazer algo do que sentar e não fazer nada; essa conclusão, no entanto, se complica devido à experiência de que, às vezes, quando estou fazendo algo, sinto que não estou fazendo nada, como quando me entrego a *divertissements* no sentido pascaliano; mas, além disso, mesmo quando sinto que não estou fazendo nada quando estou fazendo algo, como por exemplo agora, escrevendo esta frase, mesmo assim minha mente não estará paralisada em paz devido à certeza de estar fazendo algo em vez de nada, pois minha ação é perturbada por dúvidas acerca de se a estória meditativa que estou produzindo é, dentro dos limites de minha existência humana, verdadeiramente a subestória da estória abrangente que se empenha em ser. Antes da época de Leibniz a prática daquilo que pode ser chamado de metafísica conceitualmente sistematizante havia de fato divergido amplamente da análise noética e seu reconhecimento dos mistérios da realidade.

O grau de esquecimento imaginativo envolvido nas observações de Leibniz será mais claramente apreendido ao confrontá-las com a análise da mesma questão no já mencionado *Itinerarium mentis in Deum* (*It.*). São Boaventura está ciente de que o Nada ou o Não-Ser (*non-esse*) é uma privação do Ser e de que, uma vez que não se pode reconhecer uma privação a menos que se conheça aquilo de que é a privação, o conhecimento do Ser é primário. "O Não-Ser [*non-esse*] é a privação do Ser [*esse*], ele não pode se introduzir no intelecto senão por meio do Ser; o Ser, contudo, não pode se introduzir por meio de nada que não ele mesmo. [...] O Não-Ser só é inteligível por meio do Ser. [...] Esse Ser é o Ser divino" (*It.*, V, 3). Na análise do santo, não há experiência primária das "coisas contingentes", do "Ser particular que é o Ser restrito", pois o reconhecimento da contingência implica a experiência da efetividade não-contingente; a tensão experimentada na realidade entre o Além divinamente formativo e sua Parusia nas estruturas contingentes do processo espaciotemporal não deve ser rompida, ou os polos da tensão se tornarão entidades autônomas. Ademais, o santo está ciente da fonte do esquecimento imaginativo, que, entretanto, induz à ruptura: "É estranha a cegueira do intelecto que não considera acima de tudo [*prius*] o que vê, sem o que não pode conhecer nada. Mas, assim como o olho concentrado nas várias diferenças de cores não vê a luz em virtude da qual vê as outras coisas [*entia*], e, se a vê, não se dá conta, do mesmo modo o olho de nossa mente, focado nos seres particulares e universais [*entia*], não se apercebe do próprio Ser, que está além de todos os gêneros, embora ele venha primeiro perante a mente e, por meio dele, todas as demais coisas" (*It.*, V, 4)[12].

O confronto é instrutivo. São Boaventura está mais próximo das noções compactas de Hesíodo que Leibniz. As coisas-deus, é verdade, diferenciaram-se no Deus-Uno que é Ser e nas coisas que são Não-Ser, mas os polos da tensão não se desintegraram. Pelo contrário, a diferenciação paralela do *intellectus* meditativo como o lugar originador da experiência torna possível esclarecer a junção dos polos na tensão: não há experiência autônoma das coisas; as coisas são tensionalmente experimentadas como "Ser restrito", e não pode haver experiência de privação de coisas como o Não-Ser sem a experiência do Ser do qual constitui uma privação. Os símbolos meditativos do santo, movendo-se no contexto diferenciado da tradição platônica e cristã, expressam de modo equivalente a aura coisal dos deuses e a aura divina das coisas do poeta. Entretanto, embora a linguagem de Hesíodo esteja repleta das ambiguidades de uma diferenciação emergente, a linguagem de São Boaventura tem um toque defensivo induzido por uma percepção das fendas deformadoras que ameaçam as formações alcançadas e que se ampliarão no futuro. A distinção radical do Ser e do Não-Ser, substituindo o simbolismo platônico de um Além formativo e sua Parusia na realidade formada, salienta tão fortemente a eminência formativa do Além na tensão experimentada da realidade que ela adquire um monopólio ôntico que não pode ser sustentado no curso da análise; o "Não-Ser" não pode evitar se tornar sinônimo de "Ser restrito", e "Ser restrito", embora não o *ipsum esse* do Ser, é, afinal, alguma espécie de Ser. A nova ambiguidade, ao que parece, tem de ser entendida como a consciência de uma tentativa de prevenir uma ameaçadora ruptura do paradoxo da consciência: uma incli-

---

12 As citações do *Itinerarium* são traduções de Voegelin do texto latino em *Works of Saint Bonaventure*, ed. Philotheus Boehner, O. F. M., Sr. M. Frances Laughlin, S. I. M. C., v. 2, *Itinerarium mentis in Deum*, New York, 1956, 82.

nação publicamente perceptível a identificar a realidade-coisa com o Ser é compensada pela conciliação do monopólio do Ser com a realidade abrangente. O que o santo quer evitar é a potencial transformação da realidade-coisa no Ser e, de modo correspondente, do Ser divino no Não-Ser, isto é, a potencial deformação que se tornou efetiva no desenvolvimento do inconsciente público entre o século XVIII e o século XX. Essa interpretação é confirmada pela análise feita por São Boaventura do potencial de deformação no *intellectus*, no *Nous*. O *intellectus* é exposto à doença da cegueira, *caecitas intellectus*, manifestando-se no fenômeno patológico do esquecimento imaginativo.

§4 Lembrança da realidade[13]

Nos limites de sua própria linguagem, as ambiguidades desse tipo não podem ser convertidas em declarações sem ambiguidade. Elas só podem ser entendidas historicamente como fenômenos procedentes das tensões entre a experiência existencial, a exegese analítica e a simbolização imaginativa num estágio específico da mitoespeculação. Os próprios símbolos dominantes, porém, embora causem as ambiguidades devido à sua falta de articulação analítica, são eminentemente luminosos. De fato, o verso hesiódico sobre as "coisas" que são, que serão e que já foram antes é uma resposta tão sensível ao mistério da formação divina em toda a realidade que se tornou como que uma constante catalítica na simbolização da experiência ao longo de milênios de diferenciação. Alguns exemplos representativos iluminarão a função milenar do simbolismo.

1 Do vidente ao cantor (Homero–Hesíodo) — *ta eonta*

O alcance temporal total do simbolismo não pode ser determinado com certeza, pois seu aparecimento na *Teogonia* já constitui um evento no proces-

---

13 Voegelin não chegou a completar essa expansão da seção precedente, "A Mnemosine de Hesíodo". Por conseguinte, ele não proveu a transição apropriada que removeria a repetição aqui de duas sentenças do início de "A visão hesiódica da realidade". Para as "ambiguidades" mencionadas na repetição aqui das duas sentenças, o leitor pode refrescar sua memória revendo a discussão de Voegelin de "certos problemas de simbolização" ligados à linguagem compacta de Hesíodo, às páginas 97-99, acima. Cf. também "Quod Deus Dictur", in *CW*, xii, 376-394.

so de diferenciação. A simbolização sumária da realidade como as coisas que são, que serão e que já foram antes, no verso 38 da *Teogonia*, será encontrada no contexto presumivelmente anterior de Homero, na *Ilíada* (I, 70); e, devido à falta de fontes, não sabemos se é original em Homero ou se possui uma longa história prévia. Podemos apenas discernir a mudança diferenciadora do significado ocorrida na transição de Homero para Hesíodo.

Embora no contexto homérico as *eonta* não sejam objetos do mundo exterior mais que no contexto hesiódico, são, ainda assim, eventos concretos, experimentados como resultantes de um conflito entre a ordem divinamente tencionada e as ações humanas que violam a ordem. A pestilência infligida aos aqueus por Apolo tem de ser explicada com referência à sua causa, e os meios de dar fim ao desastre têm de ser revelados. As pessoas que sabem sobre essas coisas e podem ser consultadas em tais ocasiões são caracterizadas diversamente como videntes (*mantis*), sacerdotes (*hieros*), intérpretes de sonhos (*oneiropolos*) ou adivinhos (*oionopolos*) (*Ilíada*, I, 62-63, 69). A escolha recai sobre Calcas, que anteriormente dera prova de ter sido dotado por Apolo da arte da adivinhação (*mantosyne*) (*Ilíada*, I, 71-72). Assim, embora na passagem homérica as "coisas" sejam uma variada multiplicidade de eventos, que os afligidos suspeitam ser de uma natureza existencialmente tensional, e embora a habilidade de penetrar nos eventos opacos seja distribuída entre uma variedade de especialistas mânticos, Hesíodo discerniu a presença divina como se movendo formativamente em todas as "coisas", incluindo todo o alcance evolucional da realidade desde a terra e o céu até a justa ordem dos deuses e dos homens, e concentrou a habilidade de revelar essa verdade da realidade na pessoa do *aoidos*, o cantor para todos os homens.

2 O homem que sabe (Parmênides) — *to eon*

Os esforços para lidar com a noção hesiódica, para articular melhor o Além insuficientemente articulado e, desse modo, dissolver as ambiguidades podem ser divisados ao longo da história da poesia e da filosofia gregas. Um caso representativo é o ataque de Parmênides ao simbolismo homérico-hesiódico das "coisas". Para expressar adequadamente a experiência do Além, não se pode classificá-la como uma das "coisas", *ta eonta*, nas quais foi revelada como uma presença formativa. Em Parmênides temos de observar, portanto, a transição das *eonta* no plural para o *eon* singular. O "ser" que é compactamente predicado de todas as "coisas" que são torna-se, para ele, o "Ser" que não é nenhuma das "coisas". Contra Hesíodo, bem como contra os homens "de duas cabeças" (*dikranoi*) que não conseguem sair das ambiguidades, ele insiste em que esse Ser no singular não veio a ser, ou não "seria"; esse Ser nunca é um Foi nem um Será, mas está sempre em seu Agora (*nyn*), completamente como um Todo, um Um, um Contínuo ou Coerente (*syneches*) (Parm. B 8, 5-6). O Além divino como o *Agora* eterno, como o *nunc* agostiniano, a estrutura que simbolizei como o fluxo da presença divina, começa a se tornar articulado.

A excitação existencial da descoberta deve ter sido intensa, pois Parmênides foi movido por ela a apropriar o símbolo "ser" tão radicalmente para o Além que o Ser recém-diferenciado, *to eon* no singular, fez que o *status* ôntico das *eonta*, das coisas que são, se tornasse questionável. Felizmente, a autoanálise feita pelo pensador do movimento consciente-inconsciente que causou a apropriação radical foi preservada. Parmênides insiste em que "o pensar [*noein*] e o pensamento [*noema*] de que É (é)" são o mesmo, pois não há pensar (*noein*) "sem o ser [*to eon*] no qual é um símbolo proferido [*pephatismenon*]" (Parm. B 8, 34-36). Como consequência dessa identificação, toda a linguagem que "os mortais estabeleceram, acreditando ser verdade, como o devir e o perecer, ser e não-ser", não é mais que um "nome" (*onoma*) (Parm., B 8, 38-41). Embora a linguagem parmenidiana seja compacta, podemos discernir que seu pensador tornou-se consciente do paradoxo da consciência, da tensão entre a intencionalidade e a luminosidade, entre a realidade-coisa e a realidade-Isso, assim como do complexo consciência–realidade–linguagem em sua integralidade. Ele está ciente de que seu próprio pensar partilha o Ser ao qual se refere a linguagem das *eonta* como se não fosse mais que um objeto dado a um sujeito. O Ser que Parmênides diferenciou é a estrutura da realidade-Isso na consciência. De fato, um de seus tradutores, Kathleen Freeman, sentiu-se obrigada a traduzir a passagem precedente da seguinte forma: "Pensar é o mesmo que o pensamento de que É".

Temos de ler o breve e famoso fragmento B 3 à luz dessa compreensão: "Pois pensar [*noein*] e ser [*einai*] são o mesmo". O pensador se tornou o proferidor da realidade-Isso com tal segurança autoafirmativa que o equilíbrio da consciência é perturbado. O fato de que ele seja também uma consciência corporeamente situada — a consciência do ser humano chamado Parmênides — tornou-se problemático. A excitação de ter descoberto a verdade que superará as ambiguidades da *eonta* levou o pensador a uma nova ambiguidade no nível diferenciado do *eon*. A estrutura do movimento, de ambiguidade a ambiguidade, é a mesma que temos de observar no movimento hegeliano do pensamento. A identificação do pensar e do ser recorda inevitavelmente a igualmente famosa identificação hegeliana na *Vorrede* à *Philosophie des Rechts*: "Was vernünftig ist, das ist wirklich; was wirklich ist, das ist vernünftig" ("O que é racional é real; o que é real é racional"). Infelizmente, o que é irracional também é real[14].

3 O filósofo (Platão) — *to pan*

Em sua autocompreensão, Parmênides fala de si mesmo como o "homem que sabe" (*eidos phos*) (B 1, 3). Guiado pelas donzelas helicônias, ele chega à "deusa" que lhe revela a verdade do Ser em *oratio directa* (B 1). A excitação que conduziu o "homem que sabe" da simbolização assertiva à simbolização autoafirmativa provocou a resistência compensatória do "filósofo", do Sócrates–Platão que sabe que não sabe e, o que é ainda mais importante, que sabe por que não sabe.

No *Timeu*, Platão desenvolveu o contexto diferenciado da experiência e da simbolização no qual tem de ser situada a preocupação hesiódica e parmenidiana com as coisas existentes, com a *ta eonta*. O símbolo dominante que expressa a experiência da realidade deixa agora de ser o *to eon* e passa a ser o *to pan*, o Tudo (27c). Outros sinônimos são aceitos: "todo [*pas*] o Cosmos ou Urano" — ou "qualquer outro nome pelo qual prefira ser chamado" (28b). Esse Tudo é um "Ser Vivo" (*zoon*), contendo em si todos os outros seres vivos, incluindo os deuses e os homens. Como um Ser Vivo, ele consiste numa estrutura inteligível, o *Nous*, inserida numa força vital, a *Psique*, que, por sua vez, está incorporada em materiais acessíveis à percepção sensorial, o *Soma*. O complexo *Nous–Psique–Soma* simboliza a estrutura da realidade cósmica com relação ao Tudo abrangente e também a todas as suas partes (30b).

A busca da verdade ocupa-se da gênese e da estrutura do Tudo e, principalmente, da questão de se ele é criado ou incriado (28c). A mudança no símbolo dominante, portanto, vem acompanhada de uma transição das gerações sucessivas de Hesíodo para um ato criacional demiúrgico. Platão experimenta

---

14 As referências a Parmênides são da edição de Diels-Kranz citada na nota 9 acima. Para as passagens de Parmênides (B 8) traduzidas por Freeman e citadas aqui, ver Kathleen Freeman, *Ancilla to the Pre-Socratic Philosophers*, Oxford, 1952, 44. Para a citação de Hegel, ver Hegel, *Philosophie des Rechts*, v. 7 da edição do jubileu, ed. Herman Glockner, Stuttgart, 1964, 33.

seu Cosmos, o Tudo, como uma imposição da ordem (*taxis*) a um estado de desordem primordial (*ataxia*), como uma ação inteligível da habilidade ordenadora operando sobre materiais desordenados (30a). De acordo com isso, o Cosmos, *to pan*, não pode ser nem um desdobramento biológico das *eonta* compactas, nem um *eon* radicalmente diferenciado, mas tem de consistir em algo que é sempre ser (*to on aei*) e nunca tem uma gênese, junto com alguma outra coisa que é sempre devir (*to gignonenon aei*) e nunca tem ser (27d-28a). É um composto de ser não genético e gênese que não é, ambos esses componentes caracterizados pelo advérbio *aei* como duradouro ou eterno. Como sinônimos dos componentes eternos "ser" e "gênese", Platão usa o Mesmo e o Outro, retomando os símbolos de sua análise das categorias fundamentais da realidade no *Sofista*.

A questão se torna linguisticamente ainda mais complicada quando Platão emprega *ousia* como um sinônimo de *to on aei* para o "ser" que é o oposto da "gênese" (29c), mas em seguida classifica tanto "ser" como "gênese" como "tipos de ser", como *ousias eidos* (35a). Além disso, uma vez que o Tudo não é uma entidade estática, mas algo em contínuo processo de formação, Platão situa entre (*en meso*) os dois tipos de ser um terceiro tipo, a *Psique*. Esse terceiro tipo de ser é composto pelo Mesmo e pelo Outro, os dois tipos opostos de "ser" unidos por uma terceira força, novamente chamada de "ser" (*ousia*). Esse terceiro tipo composto de ser deverá preservar o fluxo da ordem entre os opostos "ser" e "gênese" (35a ss.). Como culminação, o Tudo é afinal algo como uma coisa existente no sentido hesiódico, sendo supostamente um "deus" (34b). Evidentemente, os meios linguísticos não são inteiramente suficientes para satisfazer as exigências analíticas. A complicada experiência da realidade não se deixará abarcar por um significado simples do símbolo "ser". Temos de ir adiante na exploração da simbolização platônica a fim de descobrir o que foi feito das *eonta*.

As novas dificuldades em torno do símbolo "ser" provêm do avanço na articulação da consciência meditativa. A resistência de Platão investiga as ambiguidades da linguagem até a sua fonte na ambiguidade de uma realidade que revela sua verdade na consciência, até a sua fonte naquilo que denominamos o paradoxo da consciência governando o complexo consciência–realidade–linguagem. A resistência é movida pela ideia de que nosso pensamento no modo das "coisas" é abrangido como um evento por algo, *to pan*, que não é uma coisa como as coisas da percepção sensorial que vêm e vão, e, contudo, partilha essa coisidade, pois o Tudo experimentado como o Cosmos com seu Urano de corpos celestiais é visível, é acessível à percepção sensorial. O Tudo não é ser nem não-ser, pois é ambos, a ordem entre os opostos sendo persuasivamente mediada pelo processo da realidade psíquica "entre" (*en meso*) o ser e a gênese. A existência "intermédia" da consciência, então, faz parte da estrutura metaxial do Cosmos. Não há verdade da realidade senão a realidade da verdade manifestando-se na busca. Estamos próximos da diferenciação da consciência que discernimos como o pano de fundo no simbolismo do livro bíblico do Gênesis.

Embora na estória bíblica a estrutura da consciência permaneça no pano de fundo, ela passa ao primeiro plano da exploração na análise do "filósofo". As experiências pneumáticas irruptivas que falam a linguagem dos deuses são dadas como certas; a preocupação primária é com as experiências noéticas de busca que, na medida em que se movem rumo a uma linguagem criticamente equilibrada da realidade, conduzem a simbolizações da divindade mais adequadas. É seu o *fides quaerens intellectum*. Concretamente, a *fides* de Platão é de um Cosmos que revela sua divindade por meio da presença de uma ordem divina inteligível. O Cosmos platônico é um "deus". Sob esse aspecto, a *fides* está inteiramente próxima, quanto à sua estrutura, das *eonta* hesiódicas. Todavia, ela vai além delas decisivamente, dado que expressa a experiência de um Tudo que abrange as *eonta*. Na *fides* do Cosmos, as *eonta* hesiódicas absorveram o *eon* parmenidiano; a multiplicidade das *eonta* particulares tornou-se o *to pan* delas. Quando esse símbolo emerge na consciência a partir do processo da realidade, torna-se tarefa do filósofo explorá-lo analiticamente. Como Platão formulou a tarefa: "O que somos obrigados a inquirir [*skepteon*] em primeiro lugar", o que em todos os casos [*peri pantos*] tem de ser explorado "logo de início" (*en arche*), é a questão de se o algo simbolizado tem um início genético ou se tem "um princípio a partir de algum princípio" (28b). Se o Cosmos tem um princípio, ou se é duradouro na eternidade, portanto, é um problema que surge da visão pneumática de um Tudo abrangente e da realidade da indagação obrigatória na existência noética do filósofo.

A resposta de Platão à questão que agitou a história da teologia e da filosofia ao longo dos milênios é oferecida na devida forma paradoxal. Uma vez que o Cosmos tem um *Soma* visível, e que aquilo que é visível partilha a gênese, o Cosmos tem de ser gerado (*genonen*) (28b). O Cosmos tem um princípio. Todavia, uma vez que o Cosmos tem também uma estrutura inteligível eterna, e que é o Tudo abrangente (*perilabon*) de todas as coisas, o princípio não será encontrado no nível genético das coisas finitas (30c-d); a "causa", *aition*, do Cosmos (28c) não é uma questão de causalidade entre coisas do mundo exterior. O *aition* do Cosmos, seu "princípio", é uma ordem paradigmática (*paradeigma*) projetada por um Demiurgo divino e, quando considerada boa por ele segundo o padrão de sua própria bondade, aplicada à formação do Cosmos genético. O Cosmos visível é, então, um *eikon*, uma imagem do paradigma eterno. Além disso, a fim de levar a imagem genética o mais próximo possível do paradigma eterno em seu caráter de eternidade, o Demiurgo dotou a imagem, por meio da criação dos corpos celestiais e seus movimentos matematicamente determinados, de uma imagem movente da eternidade, do *eikon* da eternidade que é chamado de Tempo, essa imagem da eternidade sendo ela mesma uma imagem eterna (*aionios eikon*) (37d).

Não fiz mais que aprofundar a estória do Princípio contida no *Timeu*, pois seu texto é bem conhecido. O que desejo pôr em foco é o seu espírito, isto é, a luta platônica para promover o avanço da simbolização da consciência existencial. Ao sondar essa luta, temos de notar a dispersão do símbolo "eterno" (*aionios*) sobre a multiplicidade estrutural da consciência, equiparando-se à previamente analisada dispersão do símbolo "ser". Não só o paradigma é eterno, mas também é eterna sua imagem visível, o Cosmos (barrando a hipotética dissolução de Urano, 38b); não só a eternidade do paradigma é eterna, mas também o Tempo, a imagem dessa eternidade; e, por fim, o algo primordial desordenado sobre o qual se impõe o paradigma, o algo que não é nem paradigmaticamente eterno nem acessível à percepção sensorial, mas somente a uma consciência onírica, precede a imposição da ordem paradigmática. Platão, por conseguinte, sente-se obrigado a acrescentar aos tipos de ser inicialmente distinguidos, isto é, ao ser e à gênese, um terceiro tipo de ser (*ousias eidos*) chamado *chora*, Espaço. A tríade Ser–Devir–Espaço é "ser" (*on te kai choran kai genesin einai*) mesmo antes que Urano tenha "vindo a ser" (*genesthai*) (52d).

§5 O *Timeu* de Platão

Poderíamos expor a linguagem do *Timeu* e suas inconsistências literalistas, bem como as controvérsias sobre a lógica interna e a construção do diálogo baseada na observação daquelas, mas os exemplos já oferecidos deverão ser suficientes para deixar claro o ponto em discussão. Platão se esforça para obter uma linguagem que expresse otimamente os movimentos analíticos da consciência existencial dentro dos limites de uma *fides* do Cosmos. Tentarei formular alguns dos importantes resultados desse esforço.

1 Os símbolos tensionais

Os símbolos "ser" e "eterno" não estão aleatoriamente dispersos sobre conceitos que definem objetos do mundo exterior, mas aparecem como atributos distintivos de símbolos que emergem em grupos como indicadores dos movimentos analíticos na consciência existencial. Os símbolos distinguidos por tais atribuições específicas de existência e constância, isto é, símbolos como *Taxis*, *Ataxia*, Ser, Gênese, Paradigma, *Eikon*, Eternidade, Tempo, derivam seu significado de seu pertencimento nos complexos tensionais *Taxis–Ataxia*, Ser–Devir, Paradigma–*Eikon*, Eternidade–Tempo; eles perderiam seu significado se os complexos fossem fragmentados e suas partes fossem hipostasiadas em entidades intencionalistas. Além disso, tais complexos diádicos, que expressam tensões experimentadas na realidade, tampouco se referem a "coisas" últimas; pois, como observamos, eles têm a tendência a se expandir em complexos triádicos tais como *Nous–Psique–Soma*, ou Ser–Gênese–Espaço, sem mencionar a tríade Mesmo–Outro–Ser, retomada do *Sofista*. Então, se consideramos que, numa ocasião, a *Psique* é intercalada como um "terceiro tipo de ser" entre o Ser e o Devir, embora em outra ocasião a *chora* apareça como o "terceiro tipo de ser" junto com o Ser e o Devir, podemos chegar a complexos tetrádicos. E, por fim, temos de lembrar do complexo Princípio–Além–Fim, cujo significado permeia os demais complexos, embora as relações entre os diversos complexos não tenha sido objeto de uma discussão explícita. Desse modo, o que emerge do *Timeu* é a compreensão dos complexos de símbolos como as constantes expressivas nos movimentos da consciência noética, bem como o problema das relações entre tais complexos na estrutura abrangente da consciência.

2 As tensões e seus polos

Os simbolismos complexos expressam os polos das tensões experimentadas na realidade, bem como as próprias tensões em si mesmas. O caráter tensional das experiências causa as dificuldades linguísticas que temos de observar. O "ser que sempre é" é "ser", mas seu oposto, a gênese que nunca é, também tem de ser "ser"; a eternidade eterna é "eterna", mas isso também é verdadeiro acerca do tempo não eterno. A realidade é experimentada como uma unicidade tensional na qual os polos da tensão detêm diferentes pesos de realidade, embora a tensão entre os polos tenha seu próprio peso de constância. Alguns tipos de ser parecem ser mais ser que outros, e alguns tipos de eternidade parecem ser mais eternos que outros, enquanto uma consciência abrangente experimenta essas diferenças de grau como constantes a ser distinguidas pelos atributos "ser" e "eterno". Por conseguinte, as ambiguidades linguísticas desse tipo não são causadas por alguma negligência no pensamento ou na escrita de Platão. Platão estava ciente delas, e encontrou sua fonte no paradoxo que governa o complexo consciência–realidade–linguagem. As ambiguidades linguísticas tornam-se o paradoxo não ambíguo na reformulação platônica do problema hesiódico-parmenidiano das *eonta* sob as condições da nova experiência do *pan* (37c-38b). Se o Cosmos, *to pan*, consiste em Ser e Devir, a linguagem do "ser" e do "devir" é ou se torna paradoxal. Platão insiste em que não havia tempo antes da geração do tempo como a imagem móvel e eterna da eternidade. Por conseguinte, a linguagem temporal "foi" e "será" é erroneamente usada quando aplicada ao ser eterno (*ten aidion ousian*), ainda que habitualmente a empreguemos sem estar cientes da incorreção; o único termo apropriado para se falar do ser eterno seria "é" (*esti*); "foi" e "será" só podem ser apropriadamente aplicados à gênese sensorialmente percebida conforme progride no tempo. Além disso, o mesmo argumento governa a relação inversa na tensão do *pan*. De novo, sem estar cientes do hábito incorreto, ao falarmos que algo "se torna" (*einai gegonos*), ou algo "está a se tornar" (*einai gignomenon*), ou "está em via de se tornar" (*einai genesomenon*, ou ao falarmos que não é (*me on*), habitualmente dizemos que *é* não-ser. Na distância reflexiva, portanto, Platão está consciente do paradoxo da consciência, das estruturas da realidade-coisa e da realidade-Isso que governam a linguagem da realidade. Pode-se elevar a potencial consequência do paradoxo, o potencial de deformar a linguagem da realidade por meio da inconsciência habitual, bem como o próprio paradoxo em si, ao nível da consciência na distância reflexiva, como faz Platão nessa página magistral, mas não se pode escapar dela a não ser criando uma linguagem além da realidade e de seu paradoxo. Platão recusou-se a discutir mais extensamente o assunto nesse contexto (38b), mas certamente não tentou transcender o paradoxo linguisticamente. Hegel, como veremos, ao enfrentar a estrutura paradoxal da linguagem, empenhou-se em dominar o problema inventando uma linguagem capaz de abranger o paradoxo abrangente.

3 Os níveis da linguagem paradoxal — a constante e a superconstante

No curso de sua análise noética, Platão se deparou com as dificuldades de simbolização que um filósofo tem de superar quando quer falar sem ambiguidade sobre o paradoxo que governa a realidade ao mesmo tempo em que usa o meio da linguagem que faz parte, ele mesmo, da realidade governada pelo paradoxo. Num primeiro nível de significado, os símbolos que expressam os polos das experiências tensionais não só irradiam sua luminosidade mas também portam o modo de referência intencionalista e, por conseguinte, podem induzir a uma concepção errônea dos polos como "coisas existentes", um erro que causa sua posterior deformação em entidades "metafísicas". Para evitar esse erro, o pensador tem de permanecer ciente de que os polos simbolizados aparecem em complexos de símbolos e de que somente o complexo em sua íntegra expressa validamente a verdade da tensão geradora. Se ele estiver agudamente ciente desse problema, será impelido a criar um segundo nível de linguagem que enfatizará que a verdade reside no complexo tensional e não nos polos tomados isoladamente. No caso platônico, essa ciência e essa impulsão levaram à dispersão dos símbolos "ser" e "eterno" sobre os polos tensionais que no primeiro nível foram distinguidos como Ser e Devir, Ser e Não-Ser, Eternidade e Tempo. Por meio da dispersão dos atributos, a realidade da tensão é pesada de modo a corresponder à realidade de seus polos. Se esse segundo nível da linguagem é introduzido, porém, os complexos tensionais podem ser "psicologicamente" construídos erroneamente como as entidades últimas às quais se aplicam os termos "ser" e "eterno", reduzindo os pesos relativos da realidade que se tornaram luminosos nos polos da tensão. O erro talvez possa levar a uma psicologia de "arquétipos". Contudo, mesmo que se tente evitar a linguagem equívoca de Platão e seu potencial de deformação, como tentei fazer usando o segundo nível da linguagem das "constantes" da experiência e da simbolização, o problema não se dissolverá por completo, pois as supostas "constantes" revelam-se como não sendo de todo constantes. Temos de observar a mistura de complexos diádicos, triádicos e tetrádicos e suas relações, bem como as mudanças nos símbolos dominantes de *ta eonta* para *to eon* e para *to pan*. As "constantes" parecem apontar para além de si mesmas, na direção de uma superconstante que governa as relações inteligíveis entre as constantes e também os progressos inteligíveis da experiência e da simbolização no processo da realidade. Parece ser necessário um terceiro nível da linguagem, que distancie reflexivamente a estrutura das tensões e dos polos. Quando Platão se deparou com esses problemas de uma superconstante e de uma linguagem reflexivamente distanciadora, tentou resolvê-los por meio do simbolismo do Cosmos, ou *to pan*, "ou como quer que se prefira chamá-lo".

4 O Cosmos uno

Quando a exploração das experiências tensionais se torna tão ampla e tão analiticamente penetrante a ponto de o problema da superconstante se impor, o paradoxo da realidade-coisa e da realidade-Isso se torna agudamente consciente. As tensões experimentadas e simbolizadas não podem ser classificadas como "coisas", como indivíduos de uma espécie de "tensão", pois tal interpretação destruiria seu significado inteligível como movimentos diversificados na única busca da verdade; a construção levaria ao beco sem saída de alguma variedade de "estruturalismo", seja ele binário ou aritmeticamente mais generoso. Se o erro é evitado, como de fato o é por Platão, e as tensões experimentadas reconhecidas como diversificações da tensão fundamental na realidade e em sua verdade, contudo, o potencial de uma hipóstase deformadora reincide no nível dessa noção na forma da questão de se há somente um "mundo" real ou se há mais de um, ou talvez um número infinito de "mundos". O Cosmos é um indivíduo da espécie "cosmos" ou há apenas um Cosmos? E, se assim for, por quê? A resposta de Platão à questão é paradoxal, mas não é ambígua. Embora o Cosmos seja acessível à percepção sensorial (*aisthesis*), não é um membro de uma classe de "coisas" individuais. Ele é experimentado como a imagem (*eikon*) do *to pan* paradigmático, da realidade abrangente (*periechon*) divinamente projetada de todos os seres vivos. O símbolo "*periechon*" deve ser levado a sério; ele não pode ser entendido como "abrangente" no sentido de abarcar grande parte da realidade, embora deixando outra parte de fora, e sim como de fato "abrangendo" toda a realidade. O paradigma do *zoon*, da ordem viva da realidade, é Uno; se houvesse um segundo Cosmos, seria necessário que houvesse um outro paradigma abrangendo os dois "mundos". A fantasia dos "mundos" múltiplos é incompatível com a experiência da realidade-Isso, e, inversamente, uma realidade que gera uma consciência de si tanto intencional como luminosa só pode ser Una. Essa unicidade do Uno pertence não a um dos polos de uma constante tensional, ou mesmo da superconstante, mas ao Cosmos no sentido do processo tensional da realidade. Platão enfatiza a importância disso ao criar um novo simbolismo para expressar a experiência. O Cosmos é *monogenes*. O símbolo *monogenes* será apenas inadequadamente traduzido por expressões tais como "único", ou "único de sua espécie", ou "único nascido", já que estas ainda implicam uma unicidade numérica; a unicidade pretendida não é numérica, mas a unicidade experimentada da tensão existencial, a tensão de um *periechon* que é todas as "coisas" enquanto as abrange no todo inteligível de seu processo. O Cosmos como o *monogenes* não é uma "coisa", mas o deus visível (*aisthetos*) gerado à imagem (*eikon*) do deus inteligível (*noetos*), o deus inteligível sendo não o Demiurgo, mas o paradigma noético (92c). As dificuldades linguísticas para expressar a experiência dessa unicidade tensional eram tão grandes que Platão foi forçado a cunhar uma nova palavra para sua adequada caracterização, a palavra "*monosis*" (31b). O Cosmos foi gerado *monogenes* a fim de figurar mais perfeitamente a *monosis* do *paradigma* divino (31b). A monogênese como a imagem da *Monosis*, portanto, equivale à simbolização do Tempo como a imagem da Eternidade.

5 Monosis e monogênese

O símbolo "*monosis*" não foi preservado na história da filosofia. Ele desapareceu sob o impacto dos movimentos correlacionados de revolta espiritual e da expansão cultural ocorridos nos séculos seguintes. A análise noética do paradoxo conduzida no interior da *fides* do Cosmos divino foi obscurecida quando a própria *fides* da ordem cósmica foi abalada por um estado de alienação induzido pelo efeito desordenador dos eventos que fizeram que o cosmos se tornasse um sinônimo do *orbis terrarum* a ser conquistado e também quando a ênfase experiencial transferiu-se para a divindade que, por meio de sua graça, salvaria o homem de um "mundo" que se tornara sinônimo de existência desordenada. O *to pan* paradoxal como o portador do atributo "Uno" tinha de competir com novos símbolos dominantes como a díade Um Deus–Um Mundo, ou a tríade ativista ecumênica Um Deus–Um Mundo–Um Império. A estória da realidade tinha de ser recontada, incorporando os acontecimentos históricos e sua simbolização, e a tarefa da penetração noética tinha de ser retomada nesse cenário muito mais complicado da experiência e da simbolização. Contudo, embora a *monosis* tenha desaparecido no processo, seu *eikon* genético, o símbolo *monogenes*, sobreviveu: o evangelho de São João fez dele o atributo do Filho de Deus (1,14.18; 3,16.18). Essas questões, no entanto, serão consideradas mais detalhadamente em etapas posteriores da análise.

6 O Além e sua Parusia

O deslocamento do símbolo "*monogenes*" do Cosmos para o Cristo revela o movimento da ênfase experiencial do Deus que cria a ordem do Cosmos para o Deus que o salva de sua desordem. Embora Platão não tenha previsto as formas que o movimento assumiria concretamente nos eventos posteriores a sua morte, estava consciente de sua presença em sua própria busca da verdade, bem como dos problemas que sua presença criou para a linguagem dos deuses. Temos de examinar o tratamento de caráter ironicamente exploratório desses problemas por parte de Platão, pois em alguns pontos suas formulações são analiticamente mais bem-sucedidas que as tentativas posteriores dos teólogos cristãos de encontrar o *intellectus* de suas *fides*.

Platão entendeu o mistério do Além e de sua Parusia. As experiências da presença formativa divina são eventos na *metaxy* da existência, e os símbolos gerados pela Parusia expressam a realidade divina como uma irrupção da força ordenadora do Além na luta existencial pela ordem. Por conseguinte, os símbolos podem iluminar a estrutura misteriosa da realidade existencial como uma tensão que tende a uma ordem além de si mesma, e podem articular a experiência misteriosa de um Além da experiência ordenador irrompendo na presença experimentada; mas a articulação iluminadora não pode tornar o mistério do Além e de sua Parusia menos misterioso. A linguagem imaginativa dos deuses pode expressar a presença de uma realidade além de sua presença, mas a Parusia simbolizada do Além não dissolve o Além em sua Parusia na tensão experimentada. Mesmo quando o Além divino se revela em sua presença formativa, ele permanece a realidade divina irrevelada além de sua revelação. Num estágio mais compacto da experiência e da simbolização, a linguagem dos deuses pode lidar com essa estrutura do mistério dotando um dos muitos deuses experimentados como presentes com a representação da realidade divina além dos deuses. Nos Hinos a Amon egípcios do século XIII a.C., por exemplo, o deus "Amon" foi incumbido dessa função representativa; o mesmo *status* ambíguo de presença compacta e não presença diferenciada pode ser discernido também no "Yahweh" hebraico, cujo nome aparece nos recém-descobertos textos de Ebla como aquele de um dos muitos deuses do panteão do Oriente Médio; e nas elaboradas invocações hesiódicas das Musas poderíamos seguir detalhadamente os esforços dos poetas para simbolizar a estratificação do mistério de um Além olímpico para um Além joviano e para um Além teogônico na linguagem dos muitos deuses.

7 A unicidade da realidade divina e o Deus Único

Outra complicação na verdade do mistério, acompanhada de uma nova necessidade de discriminação, se faz sentir quando o processo divinamente revelatório e humanamente inquisitivo na *metaxy* atinge o ponto de diferenciação no qual a unicidade da realidade divina se torna noeticamente temática, como na *fides* do Cosmos de Platão. Salientei que a *monosis* do Cosmos não significa uma unicidade numérica, mas simboliza a revelação da unicidade tensional na realidade. Quando o paradoxo da realidade-coisa e da realidade-Isso que governa o complexo consciência–realidade–linguagem se torna suficientemente diferenciado, a força divina que ordena a unicidade da existência tensional se revela como Una. Um Cosmos experimentado como o *periechon* de todos os seres vivos revela uma unicidade da realidade divina como seu fundamento (*aition*), por mais que sua presença, sua Parusia, possa ser experimentada como múltipla. Mas poderia essa unicidade da realidade divina, revelada pela *fides* do Cosmos uno e abrangente, ser verdadeiramente simbolizada por um Deus Único que, como um "novo deus", entra em competição com os muitos deuses da linguagem mais compacta dos deuses? O problema poderia ser de fato reduzido ao genericamente aceito clichê numérico do "monoteísmo" e do "politeísmo"? O clichê numérico não reduziria o Deus único ao mesmo posto de seus muitos confrades mais compactos, expondo sua divindade ao mesmo questionamento noético da dos outros? Estaria ele isento do mistério do Além e de sua Parusia na *metaxy* ou não seria mais que uma Parusia do verdadeiro Uno além do deus único? Estas são questões com as quais Platão se deparou, assim como seus sucessores judeus, cristãos e islâmicos que julgaram necessário criar os símbolos de um Deus tetragrâmico além do Deus pessoal, ou o símbolo de um *En Sof*, ou de um *Ungrund*, ou de uma *Gottheit* além do Deus da teologia dogmática.

8 O Deus Único e os muitos deuses

Essa sensibilidade da resposta humana ao mistério da revelação divina nunca foi, e ainda não é, popular entre pensadores dogmáticos que querem que sua *fides* fale a linguagem dos deuses compactos pessoais. Contudo, o mistério resiste e persiste. O pensador noético, que tem consciência dessa persistência, sabe que mesmo a *fides* do Deus Único não encerra sua busca do verdadeiro Um numa realidade que tem de contar uma estória de tensão e movimento. Para um Platão, portanto, a realidade experiencial da busca contínua conduz todos os símbolos da divindade a uma distância reflexiva na qual a reverência inspirada pelo mistério da revelação divina se mescla com um afastamento cético provocado por sua simbolização demasiadamente humana. Por um lado, a simbolização do Além divino diferenciado como um Deus Único implicaria onerar o símbolo com a mesma compacidade dos muitos deuses que a diferenciação tende a superar; por outro lado, a visão dessa dificuldade faz que os muitos deuses apareçam em sua dignidade como representantes experiencialmente diversificados do Um divino. Longe de relegar os muitos deuses à falsidade e ao esquecimento, a visão os eleva, como revelações representativas do Um divino, ao mesmo posto do símbolo Deus Único, embora num nível inferior de clareza noética. Das reflexões distanciadoras, portanto, parece emergir um campo histórico de tensão revelatória. Nesse campo, todos os deuses têm de viver sob a pressão de um Além divino que lhes confere sua vida divina enquanto ameaça deixá-los morrer devido à sua compacidade. Recordemo-nos das Musas hesiódicas que têm de lembrar os deuses de sua divindade. Essa pressão tensional parece ser uma constante na história da revelação. Nem os deuses irão desaparecer, nem o Além os deixará viver em paz. Por conseguinte, a compacidade e a diferenciação não seriam simplesmente estágios da consciência que se sucedem um ao outro no tempo, mas polos de um processo tensional no qual a revelação do Além tem de superar progressivamente um núcleo de resistência compacta sem nunca se dissolver completamente. Platão estava consciente desse núcleo, e tentou encontrar sua fonte experiencial na estrutura da existência.

9 A desordem das coisas — Espaço

O tom geral da linguagem platônica dos deuses é estabelecido pelo chiste: "mas quanto a nós, homens, que partilhamos largamente o acidental e o fortuito, assim também falamos" (34c). O aparte irônico nos remete à fonte da compacidade resistente na estrutura metáxica do cosmos, isto é, à existência na tensão ordem–desordem. No Cosmos de Platão vivemos numa ordem de coisas que é falha devido à desordem do acidental e do fortuito, sem mencionar a lista hesiódica de agruras que afligem a existência humana. O Cosmos é luminoso para o paradoxo imperfeição–perfeição, o paradoxo de uma ordem em movimento rumo à ordem. Além disso, o homem não é apenas consciente do paradoxo, ele não apenas "sabe" a respeito dele, mas toma parte dele, na medida em que a psique corporeamente situada chamada "homem" é uma das "coisas" na ordem cósmica das coisas. Ele participa da desordem das coisas tanto quanto de sua ordem. O paradoxo ordem–desordem, portanto, parece ligar-se à existência no modo da coisidade. Mas se ele se liga à coisidade pode haver uma ordem das "coisas" isenta de desordem? Ou o estabelecimento da verdadeira ordem requer a abolição das "coisas"? Mas se as "coisas" fossem abolidas o que restaria na ordem e na desordem? Platão suscita estas questões não a fim de solucioná-las com respostas engenhosas, mas para elevar à plena consciência o paradoxo da realidade-coisa e da realidade-Isso.

As questões são importantes, pois a experiência da realidade-coisa não pode ser esgotada: "Afirmamos como de algum modo necessário que tudo o que é tem de estar em algum ponto [*topos*] ou tem de ocupar algum lugar [*chora*]; e que aquilo que não está nem na terra nem em nenhum lugar no céu [*ouranos*] não é" (52b). Há algo na estrutura da consciência–realidade–linguagem que nos força a pensar no modo da coisidade, sendo este algo o terceiro, ou quarto, "tipo de ser", ou seja, *chora*, o Espaço. Esse "tipo de ser" não é ele mesmo identificável como uma "coisa", seja pela percepção sensorial, seja pelo *Nous*; é o algo "não sensível", experimentado como num sonho, por trás de toda coisidade formada. A apreensão como num sonho da *chora* — Espaço — não sensível parece impor a toda a realidade, bem como a todo pensamento sobre a realidade, o modo da coisidade. Isso soa quase como se o Cosmos paradigmático, quando incorporado no *medium* do Espaço, tivesse de se submeter a uma coisidade de cuja desordem não há como fugir para se chegar à verdadeira ordem.

10 O procedimento meditativo

A suposição é tentadora, mas deve ser repudiada como uma grave deformação da análise de Platão. Ela transformaria os símbolos luminosos, que emergem das experiências tensionais, em conceitos intencionalistas referentes a objetos. A transformação destruiria a estrutura paradoxal da realidade, do pensamento e da linguagem que Platão pretende esclarecer participando de sua diversificação. A fim de compreender o significado dos símbolos, temos de segui-lo no caminho que faz através da multiplicidade diversificada de tensões em sua única busca da verdade. A verdade da busca não é uma doutrina verdadeira resultante de uma investigação intencionalista de objetos, mas um estado de existência equilibrado, formado na distância reflexiva em relação ao processo do caminhar meditativo em meio à multiplicidade paradoxal de tensões. A fragmentação do processo em seus passos anamnéticos não produziria senão deformações doutrinais da realidade, como a suposição acima rejeitada. Somente o processo que abrange os passos, conduzido à distância reflexiva, permitirá que a verdade da existência se torne luminosa fazendo que os símbolos iluminem-se uns aos outros. Tentarei apresentar o procedimento de argumentação de Platão na passagem sobre as coisas no Espaço (52b).

11 A iluminação mútua dos símbolos — coisas e não-coisas

Os "seres" da passagem em questão incluem os deuses. A imagem da localização espacial em relação a uma consciência humana que está situada corporeamente entre o "céu" e a "terra" é "necessariamente" imposta a todos os "seres". A observação não difere substancialmente da formulação inicial que empreendemos em nossa própria análise da estrutura da realidade-coisa na consciência. Mas por que teríamos de pensar no modo da realidade-coisa se um considerável número das "coisas" das quais falamos obviamente não consiste em objetos no Espaço? A resposta de Platão é: as "coisas" estão no Espaço porque o Cosmos *tem* Espaço.

Com esta resposta, ingressamos no processo de iluminação mútua entre os símbolos que emergem no decorrer da busca da verdade, pois o Cosmos é uma das "coisas" que não é um objeto no Espaço. A experiência do Cosmos como o *periechon* de todas as coisas, como o seu *to pan*, ou "como quer que se prefira chamá-lo", é cuidadosamente simbolizada como uma não-coisa por meio da *monosis* de seu paradigma e também como o *monogenesis* de sua imagem; é a realidade-Isso que abrange as "coisas". Embora seu *status* estrutural seja o da realidade-Isso abrangente, supõe-se que o Cosmos *tenha* "corpo" ou "espaço", como os tem nas simbolizações de sua estrutura total seja pela tríade *Nous–Psique–Soma*, seja pela tríade Ser–Devir–Espaço. Mas então, novamente, embora a não-coisa Espaço seja parte integrante da não-coisa Cosmos, ela explicitamente não é o mesmo "tipo" de não-coisa que as outras partes, isto é, o Ser noeticamente formador e o Devir noeticamente formado. Em consequência dessa diferença, o Espaço não seria afinal alguma espécie de material pré-corpóreo, introduzindo problemas de "realização", quando o paradigma noético é aplicado à sua imagem *monogenes*?

Mas o simbolismo diádico do Paradigma-*Eikon*, longe de sustentar essa construção, iluminará uma outra faceta do complicado símbolo Espaço, pois o Cosmos imaginante tem espaço porque produz a imagem do Espaço que é parte integrante do Cosmos paradigmático. O paradigma não é situado no Espaço, mas o espaço está no paradigma. Então, se alguém indagasse em que consistiria precisamente a diferença entre o Cosmos paradigmático e o Cosmos icônico (uma parte da pergunta geral de se as "ideias" são "coisas" *in re* ou *ante rem*), Platão responderia que nenhum dos dois é uma "coisa" e remeteria o inquiridor à emergência do simbolismo diádico a partir da questão do Princípio, da busca pelo *aition* do Cosmos.

A experiência simbolizada do Princípio, portanto, apontaria ainda para o simbolismo abrangente de um Além, *epekeina*, da realidade cósmica na qual a busca da verdade de sua ordem é um evento. A busca da verdade como um evento na realidade cósmica parece ser por último o "lugar" no qual a realidade se revela em sua complexidade estrutural de realidade-coisa e realidade-Isso. O evento da busca é o "lugar" no qual a consciência corporeamente situada do homem se experimenta tanto em sua existência como coisa, isto é, como se deslocando nas tensões coisais da ordem e da desordem, quanto em sua existência visionária como um movimento rumo a uma ordem indefectível além da ordem que se torna falha devido à desordem da coisidade. Mas o que significa o caráter último do "lugar" se o evento se revela como um penúltimo que se move por fim para além de si mesmo?

Significa que a busca da verdade é em última instância penúltima. Na busca, a realidade é experimentada como o movimento misterioso de uma realidade-Isso através de uma realidade-coisa rumo a um Além das coisas. Nem as coisas nem as não-coisas envolvidas nesse processo são objetos externos a ela; elas são estruturas no processo, discernidas por meio da busca da verdade. Além disso, já que as coisas e as não-coisas não são externas à busca, a busca e sua linguagem não são externas a elas; na distância reflexiva, a própria busca é discernida como um evento "situado" que se dá no movimento misterioso, pois o inquiridor tem de contar a estória de seu esforço pela ordem indefectível a partir de sua posição na ordem imperfeita da existência coisal; e ele só pode contá-la, portanto, na linguagem imperfeita que fala das não-coisas no modo das coisas.

Essa linguagem imperfeita inclui a linguagem dos "deuses". Por conseguinte, a estória da busca não encerra o mistério, mas só pode aprofundar a visão no interior de sua penultimidade paradoxal. Platão era agudamente ciente desse problema e expressou isso ao distinguir o ato demiúrgico e a condição de coisidade a ele imposta. Com uma ambiguidade que lembra Hesíodo, Platão faz que o "ser" da tríade Ser–Devir–Espaço preceda em *status* a gênese do próprio *Ouranos* (52d). O Demiurgo, portanto, não é nem uma das coisas no Espaço como os "deuses" que são criados por ele, nem uma não-coisa como o Cosmos que tem Espaço, nem uma não-coisa como a tríade não-coisal Ser–Devir–Espaço que precede até mesmo a criação do "céu", mas algo cuja única relação com o Espaço é sua submissão à "necessidade" de criar "coisas" ao idear criativamente (47e-48a). Esse Demiurgo, a não-coisa radical além de toda coisidade, resiste propriamente à determinação nos termos da realidade-coisa. "Encontrar o Criador e Pai deste *to pan* seria de fato uma proeza; e, ainda que o encontrássemos, seria impossível contar a todos os homens sobre ele" (28c).

Embora o movimento da busca além de seu "lugar" e sua linguagem da coisidade imponha a Platão a mesma sucessão de além sobre além imposta a Hesíodo, todavia, na busca do filósofo o movimento se torna objeto de análise. Quando a experiência paradoxal da realidade não experienciável se torna consciente na distância reflexiva, a linguagem do inquiridor se revela como o evento paradoxal do inexprimível tornando-se exprimível. Essa tensão exprimível–inexprimível é o paradoxo na estrutura da linguagem meditativa que não pode ser dissolvido por meio de uma metalinguagem do tipo daquela com que Hegel pretendia dissolver a paradoxal "identidade da identidade e da não-identidade". Na distância reflexiva, o inquiridor experimenta seu discurso como o silêncio divino irrompendo criativamente na palavra imaginativa que iluminará a busca como o movimento de retorno do inquiridor ao silêncio inefável. A busca, portanto, não possui um "objeto" externo, mas é a própria realidade tornando-se luminosa por seu movimento a partir do inefável, através do Cosmos, para o inefável. Além disso, a estrutura tensional do movimento não permitirá que nenhum dos polos da tensão Demiurgo–Necessidade se torne um "objeto". "O divino" (*to theion*) não consiste num objeto externo mais que "a necessidade" (*to anagkaion*). Platão cuidadosamente salienta que "o divino" não pode ser discernido meramente por si mesmo; não há participação "no divino", mas por meio da exploração das "coisas" nas quais ele é discernido como formativamente presente (69a). O penúltimo mistério de um Cosmos que existe na tensão *Taxis–Ataxia*, na tensão da realidade-coisa e da realidade-Isso, torna-se luminoso para o último mistério de um Deus-Criador que, ao criar, tem de criar um Cosmos tensional.

O estudo do processo meditativo em torno do símbolo "Espaço" foi conduzido longe o bastante para deixar claro que a busca de fato não tem um "objeto", mas é um evento na realidade tensional que eleva à consciência as tensões experimentadas. Os símbolos da linguagem que emergem das tensões diversificadas iluminam-se uns aos outros assim como a unicidade da busca em seu percurso por meio das diversificações. Ao encerrar esses comentários, não posso deixar de manifestar o desejo de ver o sorriso de Platão se pudesse observar o espetáculo contemporâneo de uma "conquista do Espaço" depois que a finitude esférica da terra deixou os imperialistas ecumênicos sem espaço a ser conquistado.

12 [Sem título]

As constantes tensionais experimentadas e suas simbolizações iluminam, complementam e equilibram umas às outras na busca da verdade, mas o vaguear inquiridor em meio às tensões não chega a um último lugar de descanso. Nenhuma das tensões isoladas, ou nenhum de seus polos, é uma entidade absoluta dada a um observador externo; tampouco a busca existencialmente equilibrante chega a um repouso, mas persistirá um evento tensional num Cosmos tensional. A busca das quais as tensões constituem uma parte inteligível é um movimento no interior da ordem coisal do Cosmos rumo a um Além de sua coisidade. Contudo, o vaguear meditativo em meio às penúltimas tensões parece se tornar luminoso para seu Princípio no mistério último de um Deus-Criador que, ao criar, cria um Cosmos tensional. O Demiurgo seria então o Absoluto no qual a inquirição tensional chega ao seu fim? Temos de investigar um pouco mais esse problema do Absoluto, a fim de chegar a uma impressão clara do radicalismo empírico de Platão na análise das experiências tensionais e de sua simbolização e das consequências desse radicalismo para a compreensão da linguagem dos deuses.

O Demiurgo também não é o Absoluto. Sua ação poética é experimentada e simbolizada como um complexo de tensões entre a ordem noética formativa e o Espaço não formativo, entre uma vontade demiúrgica de criar a ordem e o obstáculo "necessário" da *chora* que limita a vontade criativa à coisidade. Assim, se o Princípio divino é ele mesmo um complexo de tensões, seriam então afinal os polos do complexo tensional os Absolutos da realidade? A Unicidade experimentada da realidade teria de dar lugar a algum tipo de "dualismo"?

Platão evita essa construção simbolizando os próprios polos da tensão como tendo caráter tensional: (a) O Espaço no polo inferior do complexo não é uma matéria reconhecível como tal por sua estrutura de um elemento material, mas algo tensional, metaforicamente simbolizado como um receptáculo, ou uma mãe, uma ama do Cosmos visivelmente formado, como um "tipo de ser" invisível, amorfo e onirreceptivo. Em virtude de sua onirreceptividade para a persuasão da ordem noética, ele deve ser imaginado como "partilhando" a ordem noética (*tou noetou*) "de uma maneira incompreensível" (50b-51c). O polo-coisa do mistério último, portanto, não é ele mesmo uma "coisa", mas um tipo de ser tensional, que é responsivo à ordem noética mas impõe o modo de coisidade ao Cosmos. A análise parece opor algo como um "Além coisal" no polo inferior do mistério demiúrgico ao "Além noético" em seu polo superior. (b) O caráter do polo superior do mistério, divinamente formativo, não é menos tensional. Um Deus *poietes*, um Demiurgo, idealiza e constrói um Cosmos tensional a partir de um Ser que nunca é gênese e de um Devir que nunca é ser. Confrontado com essa composição paradigmática, pode-se muito bem indagar: por que o Demiurgo não deixa o Ser Eterno (*to on aei*) em sua existência eterna, onde estava livre de tensões, em vez de impor a ele o papel de uma forma ordenadora para um Devir no modo da coisidade? Esse impulso criativo e formativo no polo superior do complexo tensional não significaria que o Demiurgo e o Ser compartilham, "de uma maneira incompreensível", a *chora*, correspondendo à maneira como a *chora*, por meio de sua receptividade, compartilha incompreensivelmente o *Nous*? A realidade noética simbolizada como um "Além" da tensão não deseja ir "além" de si mesma rumo ao interior da tensão, assim como a realidade do Espaço simbolizado como um "Além" da coisidade material está pronto a ir "além" de si mesmo penetrando na realidade tensional coisalmente formada?

Entretanto, se cada um dos dois polos da tensão misteriosa "compartilha" a tensionalidade correlata da realidade do outro polo, então a realidade "compartilhada" dos polos não seria a verdadeira e única realidade misteriosa, em lugar da tensão simbolizada pelos polos? Platão parece em certa medida admitir essa possibilidade, pois considera "apropriado comparar" a fonte formativa, o "A partir de que" (*to othen*) do Devir ao Pai da realidade, e o "Em que" (*to d'en ho gignetai; to dechomenom*) do Devir a sua Mãe, de modo que a realidade tensional suspensa entre (*metaxy*) ambos teria de ser concebida como a Prole (*to ekgonos*) (50b-d). A metáfora Pai–Mãe–Prole, com seus laivos pitagóricos, pareceria se tornar o simbolismo que mais adequadamente expressaria o mistério incompreensível da fertilidade criativa na realidade.

Quaisquer expectativas de um simbolismo último, porém, seriam novamente desapontadoras, pois a Prole gerada na *metaxy* do "A partir de que" e do "Em que" não é nem um equilíbrio físico entre duas forças, nem uma entidade biológica de outra produtividade inexplicável, nem uma consciência num suspense paralisante entre duas motivações, mas a realidade cósmica "viva" em sua tensão *Taxis–Ataxia*. O homem, como parte da Prole, experimenta-se num estado não de paralisia terminal, mas de movimento existencial, responsivamente inclinado à atração de um dos dois polos. Ademais, as atrações e inclinações são cognitivamente luminosas para seu significado como movimentos além da existência tensional rumo à realidade não tensional, seja no "Além coisal" da *chora* ou no "Além divino" do *nous*. Logo, os movimentos não são indiferentemente iguais, mas distintos em seus significados enquanto (a) um movimento rumo a um estado de existência do qual, "de certo modo, Deus está ausente" (53b) ou (b) um movimento imortalizador rumo à semelhança (*homoiosis*) com Deus. Nesse complexo de tensões experimentadas na busca da verdade como um evento na realidade cósmica, os "deuses" desempenham o papel equívoco de um Além divino que se move demiurgicamente para além de si mesmo entrando na formação do Cosmos e, então, move-se para além de sua presença formativa no Cosmos rumo ao seu Além não cósmico. O Além demiúrgico que se move para dentro da formação de um Cosmos tensional seria o mesmo Além que evita a sua tensão? O deus do Princípio é o mesmo Deus do Fim? O mistério do deus demiúrgico, portanto, não é último, mas experimentado como em tensão em face do mistério de uma realidade divina que evita a desordem do Cosmos. A *fides* do Cosmos se torna transparente para um drama do Além encenado, através do processo tensional do Cosmos, desde um Princípio demiúrgico para um Fim salvacional. Não é possível extrair desse complexo tensional "Princípios", "absolutos" ou "doutrinas"; a busca da verdade como um evento de participação no processo não pode senão explorar as estruturas no mistério divino da realidade complexa e, por meio da análise das respostas experimentadas às atrações tensionais, alcançar alguma clareza sobre sua própria função no drama do qual participa.

[12.[15]

A realidade-Isso abrangente se move formativamente através da realidade-coisa desde um Princípio que não começa nas coisas até um Fim que não termina nelas. O Princípio e o Fim da estória são experimentados como um Além do processo tensional formativo da realidade. Não há epifania da estrutura na realidade sem uma força estruturante além da estrutura manifesta; não há revelação da força ordenadora divina na busca da verdade sem uma realidade divina além da manifestação de sua ordem no evento. O vaguear meditativo em meio às constantes no processo tensional se torna portanto luminoso para uma realidade além das tensões e que não pode ser atingida na existência tensional. A superconstante acima das constantes não é um princípio da ordem cuja aplicação apropriada dissolverá a desordem da ordem cósmica, mas a experiência da tensão paradoxal na realidade formativa, da tensão entre a realidade divina experimentada como formativamente presente no polo ordenador das tensões e a realidade divina experimentada como um Além de suas manifestações concretas no processo, entre o Deus que se revela em sua presença no tempo e o Deus que permanece como a realidade experimentada porém desconhecida além do tempo. Além disso, a tensão paradoxal na revelação da realidade formativa é experimentada como última no sentido de que, inteligivelmente, não pode ser inteiramente experimentada nem inteiramente simbolizada por outras experiências da realidade. Essa ultimidade experimentada da tensão se torna luminosa no símbolo "divino".]

15 Voegelin destruiu deliberada e cuidadosamente todas as páginas do rascunho do volume V ao concluí-las. A única exceção foi o seguinte parágrafo, encontrado em sua escrivaninha. Essa página, numerada do mesmo modo que a última seção completada, provavelmente foi poupada porque Voegelin esperava elaborar suas ideias e seu texto na meditação inacabada.

Epílogo

I

No fim de sua introdução ao quarto volume de *Ordem e história*, *A era ecumênica*, o autor anunciou que o quinto volume intitular-se-ia *Em busca da ordem*. Ele foi idealizado como um estudo dos "problemas contemporâneos que motivaram a busca da ordem na história"[1]. Mas Eric Voegelin não teve tempo de completar este volume. Os dois capítulos aqui publicados, bem como certos estudos preliminares, tanto publicados como inéditos, documentam a direção de sua análise reflexiva. Mas não sabemos a que ponto teria chegado a busca meditativa da ordem posta em palavras. E Voegelin não desejaria que soubéssemos, pois, para ele, o fim do texto não é determinado por seu princípio: "embora eu tenha uma ideia geral acerca de sua construção, sei também, por experiência, que novas ideias têm o hábito de emergir durante o curso da escrita, forçando a modificações na construção e tornando o princípio inapropriado"[2]. Por conseguinte, este volume final de *Ordem e história* permanece a estória inacabada da busca da ordem por parte do autor.

Contudo, a estória inacabada de *Ordem e história* adquire um fim — ou *telos* — em si mesmo tão logo é lida por outros homens e mulheres. Ela se torna um "evento num vasto campo social de pensamento e linguagem, de

---

[1] Eric VOEGELIN, *Ordem e história*. São Paulo, Loyola, 2009, 5 v. Aqui, v. IV, 114.
[2] Ibid., V, 35.

escrita e leitura sobre questões que os membros do campo creem ser de interesse para sua existência na verdade"[3]. O presente volume, embora breve, pode ser então experimentado como um todo ao atingir "uma função numa comunhão de preocupação existencial"[4]. O fim da estória até então inacabada é o seu efeito existencial sobre as mentes e os corações das pessoas. E essa eficácia da estória demonstra a verdade do conto da busca da ordem, narrado pelo filósofo enquanto distinto dos muitos outros contadores de estórias do tempo, cada um deles dando sua própria "opinião particular acerca da ordem de sua preferência". A verdade da estória não é assegurada pela posição social ou política da pessoa que a narra. Pelo contrário, somente uma estória que, por sua verdade, forçar o ouvinte a reordenar sua existência mostrar-se-á uma estória verdadeira da busca da verdade por parte de um filósofo: "para que a estória evoque com autoridade a ordem de um campo social, a palavra tem de ser proferida com uma autoridade reconhecível como tal pelos homens aos quais o apelo é dirigido; o apelo não possui autoridade como verdade a menos que fale com uma autoridade comumente presente na consciência de todos, por mais inarticulada, deformada ou suprimida que a consciência possa ser no caso concreto"[5].

Neste volume final de *Ordem e história*, Voegelin reafirma o *telos*, ou fim, de sua "inquirição no sentido clássico de *zetema*, uma busca da verdade cognitiva e existencial"[6], que forma o todo de sua investigação filosófica da ordem e da história. Ela foi conduzida como uma "busca da verdade acerca da ordem e do ser"[7]. Desde o princípio, Voegelin foi franco a respeito do diagnóstico e das funções terapêuticas de uma investigação filosófica. Ele pretendia suscitar ilhas de ordem em meio à desordem da época, remetendo-nos à famosa "ilha da verdade cercada pelo bravio e tempestuoso oceano, a morada da ilusão", de Kant. O simbolismo da investigação filosófica em si pode se tornar o núcleo de alguma comunhão de preocupações existenciais nos termos de um campo social da ordem existencial. Uma vez que as pessoas tenham formado configurações sociais fundadas em experiências comuns da ordem, introduzem-se no campo histórico delineado pela busca do homem por sua hu-

---

3 Ibid., 36.

4 Ibid.

5 Ibid., 48.

6 Id., Toynbee's history as a search for truth, in Edward T. Gargan (ed.), *The intent of Toynbee's history*, Chicago, Loyola University Press, 1961, 183.

7 Id., *Israel e a revelação*, in *Ordem e história*, I.

manidade e sua ordem. Para que acreditemos na estória da busca humana da verdade, as preocupações existenciais têm de ser comunicáveis, de modo que o ouvinte possa compartilhar a busca existencial do filósofo.

Se o significado da experiência, da meditação e da análise exegética do filósofo nos for satisfatoriamente transmitido, nós, leitores, marcaremos o princípio de uma outra estória da busca. Por conseguinte, a estória prossegue, é assumida por outros inquiridores, é continuada como um ato de participação aberta no processo da história e na realidade abrangente do todo. O ouvinte interessado a torna a sua própria estória e, de sua parte, começa uma outra estória inacabada. Mas a estória dos filósofos tampouco começa com essa pessoa particular. O "mundo do filósofo" de Voegelin foi estruturado por uma história milenar da busca da verdade por parte do filósofo, uma história que não parou em algum ponto do passado, mas tem prosseguimento no esforço presente entre leitor e escritor. "O campo social constituído pela linguagem do filósofo não se limita portanto à comunicação por meio da palavra falada e escrita entre contemporâneos, mas se estende historicamente a partir de um passado distante, passando pelo presente e encaminhando-se ao futuro"[8]. A estória do filósofo é, então, a forma simbólica constante da busca em curso da ordem da existência.

A situação histórica presente, no entanto, está repleta de novos desenvolvimentos filosóficos; ela requer esforços imaginativos na direção de um novo modo simbólico da busca do inquiridor. Esse grande experimento de ressimbolizar as experiências da realidade motivou a investigação de Voegelin desde seu início filosófico até o fim de sua vida: para ele, "filosofia" significava "a criação de uma ordem de símbolos por meio dos quais a posição do homem no mundo seja compreendida"[9]. A criação de tal forma simbólica é o último tópico deste volume final de *Ordem e história*. A verdadeira estatura de Voegelin como pensador contemporâneo aparece mais claramente nestas páginas que na maior parte de seus outros escritos. Sua investigação filosófica se desdobra no contexto histórico do grande empreendimento simbólico de reinstituir a humanidade do homem sob o horizonte das ciências modernas e em resistência à multiplicidade de forças de nossa época que deformam a existência humana.

Voegelin esteve consistentemente envolvido num discurso crítico com os grandes pensadores que se puseram a braços com a imensa tarefa de fazer que

---

8 Id., *Ordem e história*, V, 36.

9 Id., *Anamnesis*, Munique, Piper, 1966, 59.

o homem moderno compreendesse a si mesmo. A esse respeito, Voegelin deve ser visto como alinhado a Hegel, Schelling, Nietzsche, Heidegger, William James e Whitehead, todos eles tendo lutado pela redescoberta da fonte experiencial da simbolização e identificado os problemas fundamentais na estrutura da consciência, como diz Voegelin ao falar das irreversíveis conquistas intelectuais de Hegel. Voegelin, entretanto, confronta o mundo moderno mais diretamente, na medida em que faz do conhecimento empírico produzido pelas ciências históricas modernas a base de toda análise reflexiva da realidade. Essa realidade empírica é descoberta como a base experiencial da própria consciência inquiridora. A inquirição filosófica não é conduzida do ponto de vista de um observador externo, mas por um observador participante que torna a realidade articulada. Desse modo, Voegelin pôde descrever a inquirição como um modo de indagação, sendo as respostas visões mais ou menos diferenciadas da posição do homem no todo da realidade. Se o indagador é verdadeiramente vinculado à realidade, sua exploração científica dos fenômenos que delineiam o âmbito do homem promove o avanço não apenas da verdade cognitiva, mas também da verdade existencial. O avanço na verdade existencial significa uma explicação mais diferenciada da estrutura paradoxal da existência humana na tensão entre a existência terrena e o fundamento formativo de todo ser no interior de uma realidade abrangente pré-pessoal que permanece, ela mesma, um mistério último. O postulado metodológico da abertura cognitiva rumo a todo o alcance da experiência está entremeado ao postulado existencial da abertura meditativa para a fonte da experiência ordenadora. Essa abertura denota a razão como a constituinte da humanidade do homem enquanto descoberta no memorável evento da filosofia helênica.

II

O programa original de *Ordem e história* requer uma investigação filosófica do progresso do homem da verdade da ordem cósmico-divina, passando para a experiência diferenciada da ordem transcendente-divina em Israel e na Hélade. Diferentemente da ruptura em relação à ordem cosmológica e do mundo do mito na China e na Índia, esses modos ocidentais da consciência diferenciada e suas respectivas formas simbólicas, a Revelação e a Filosofia, conferiram uma *forma histórica* consciente à ordem da existência humana em sociedade. Por conseguinte, a descoberta retrospectiva da história da humanidade por parte do filósofo pressupõe a explicação simbólica da historicidade da existência humana no Ocidente, sendo a filosofia da ordem e da história um simbolismo exclusivamente ocidental. Sem a Revelação, argumentou Voegelin, não haveria o problema da história da humanidade; e sem a Filosofia a história da humanidade não seria um problema da filosofia. Das comunicações sobre a verdade do ser detentoras de autoridade na forma histórica ocidental emerge o próprio Logos da história. Em outras palavras, a linguagem de tais comunicações sobre a verdade do ser proporciona também a linguagem do estudo do analista moderno acerca da ordem da existência na sociedade e na história. Os termos da investigação filosófica evoluem a partir da compreensão crítica das experiências historicamente diferenciadas e de suas simbolizações, mas eles ainda estão presos à tradição simbólica que nos foi legada pelos gregos, pelos judeus e pelos cristãos. A dinâmica da investigação empírica ulterior impeliu a reflexão filosófica rumo a novos horizontes. A guinada crítica no pensamento de Voegelin envolvia a necessidade de uma "linguagem mais diferenciada que a da filosofia clássica"[10].

O quarto volume, *A era ecumênica*, reforça a guinada crítica na visão de Voegelin acerca da responsabilidade do filósofo contemporâneo pela linguagem crítica que reconstruirá, com base no material simbólico do passado, a busca da ordem no presente, e recriará a linguagem do filósofo ao responder à busca. Essa tarefa implicava "o retorno a partir de símbolos que perderam seu significado às experiências que constituem significado", mediante o desmantelamento do "maciço bloco de símbolos acumulados, secundários e terciários" que representam o grande obstáculo a esse retorno[11]. Em *A era ecumênica*, portanto, Voegelin reformula a concepção da investigação filosófica nos termos da *Inquirição* compreendida como a constante subjacente da multiplicidade histórica da autoefetivação humana. Da pluralidade de respostas surge a pluralidade de tipos da ordem e suas formas simbólicas, que, em sua totalidade, refletem a realidade abrangente da *humanidade universal*. Essas reflexões, explica Voegelin, "são o modo de questionamento engendrado na situação contemporânea pela resistência de um filósofo à distorção e à destruição da humanidade perpetradas pelos Sistemas do "deter a história"[12].

---

10 Ibid., 347.

11 Id., *Ordem e história*, IV, 113.

12 Ibid., 415.

O estudo da ordem e da história é portanto uma inquirição, uma busca aberta pela verdade. Ele nunca resultará numa resposta definitiva ou numa verdade absoluta, numa ordem absoluta, em valores, proposições, princípios, ideias ou doutrinas permanentes. Consequentemente, os símbolos desenvolvidos no curso da análise reflexiva têm de ser cuidadosamente resguardados contra o mau uso libidinoso por parte dos agenciadores do poder da época. A linguagem do filósofo não deve servir à cobiça pelo poder entre os imperialistas espirituais e outros. Os esforços reflexivos de Voegelin por uma simbolização revelam uma crescente propensão à desdoutrinação. A retomada das experiências da realidade implica a emancipação em relação à linguagem deformada dissociada das experiências geradoras.

Em *A era ecumênica*, Voegelin investigou esse problema até o ponto em que a linguagem da própria inquirição tornou-se ela mesma o sujeito da reflexão. A mudança no foco da análise induziu Voegelin a ponderar mais uma vez a conquista histórica dos filósofos helênicos. O filósofo inquiridor revisita seus antecedentes naquilo em que sua simbolização da busca do homem por sua humanidade e sua ordem articularam, pela primeira vez na história, a estrutura da própria busca em si, resultando na conquista formativa da *razão* de uma época, o símbolo-chave designando o "centro cognitivamente luminoso da ordem na existência"[13].

A razão do filósofo representa a humanidade específica do homem como a de um "inquiridor do de onde e do para onde, do fundamento e do sentido de sua existência. Embora essa inquirição seja inerente à experiência do homem de si mesmo em todas as épocas, a articulação e a simbolização adequadas da consciência inquiridora como o constituinte da humanidade são [...] o feito dos filósofos de uma época"[14]. Com efeito, esse feito de uma época culmina na obra de Platão com a descoberta da própria busca como uma fonte da ordem e da desordem na existência, com a exploração de sua estrutura e com a criação de uma linguagem que expressará a descoberta[15]. A linguagem da verdade tornando-se luminosa na consciência inquiridora possibilita ao filósofo compreender e interpretar o rico campo histórico das simbolizações que manifestam a busca do homem por sua humanidade e sua

---

[13] Id., Reason: the classic experience, *Southern Review* 10 (1974) 240, in *CW*, xii, 265-291, 268.

[14] Ibid., 241, in *CW*, xii, 268-269.

[15] Id., Wisdom and the magic of the extreme: a meditation, *Southern Review* 17 (1981) 235-287, in *CW*, xii, 315-375.

ordem, revelando a verdade e a falsidade das múltiplas línguas diferentes da busca humana. Voltar-se "reflexivamente para a área da realidade chamada de existência humana"[16] é estudar criticamente o campo equivalente das experiências e das simbolizações que representam as imagens da verdade evoluindo na história a partir do processo anônimo da realidade. Ao aceitar os símbolos como manifestações autoexpressivas de uma verdade, a inquirição reflexiva de seu significado as tornará mais inteligíveis como um componente do todo simbólico que é a humanidade universal. Essa posição privilegiada do filósofo pressupõe sua vontade e sua capacidade de reativar a experiência geradora em sua psique e de recapturar a verdade da realidade que está viva nos símbolos por meio de seus próprios esforços meditativos. Voegelin, por conseguinte, situa uma nova ênfase no papel do filósofo como um observador existencialmente participante e na linguagem de sua inquirição. De seu conhecimento recordativo provém, mediante o poder de sua imaginação, a imagem da realidade do próprio filósofo nos termos da simbolização que ele reconhece como parte do campo histórico e que é constituída pelos modos equivalentes da experiência e da simbolização. A reflexão noética evoca esse campo histórico a partir dos materiais acumulados do conhecimento empírico.

III

Em "The beginning and the beyond", um estudo anterior [publicado em *CW*, XXVIII, 173-232], Voegelin fez diretamente a pergunta: O que é a inquirição? — a pergunta se impunha ao pensador pela situação presente na qual não há linguagem aceita ou forma literária para se lidar com os problemas fundamentais da verdade e da linguagem suscitados pelo atual estado do conhecimento empírico concernente à "multiplicidade histórica" da realidade social[17]. Essa pergunta se estende ao uso dos símbolos do passado como conceitos analíticos em nossa época. "Seu valor crítico como instrumentos de interpretação tem de ser reexaminado e, uma vez que esse reexame se estende à nossa linguagem comum da 'filosofia', do 'ser', da 'teologia',

---

[16] Id., Equivalences of experience and symbolization in history, *Philosophical Studies* 28 (1981) 89, in *CW*, xii, 115-133, 116.

[17] Id., The beginning and the beyond, 188.

da 'religião', do 'mito', da 'revelação', e assim por diante, deve-se esperar uma considerável alteração no uso convencional desses símbolos."[18] Mas a criação de um "universo inteiramente novo de símbolos" não é prefigurada, já que o esforço conceitual de reflexão em curso pode recuperar de sua deformação doutrinal a linguagem original da análise experiencial e restabelecer seu significado na inquirição presente. Essas reflexões sobre a legitimidade dos métodos da inquirição e os critérios de sua verdade elucidam o problema crucial da "experiência hermenêutica" (Gadamer) — isto é, a compreensão genuína da verdade dos símbolos da linguagem que nos foram transmitidos do passado. Voegelin sugere que a inquirição reflexiva acerca do significado dos símbolos históricos da linguagem poderia e deveria tornar mais inteligível a verdade oferecida por aqueles símbolos. Ele declara muito claramente a premissa subjacente à sua posição: o significado dos símbolos pode ser destacado da linguagem original a fim de que seja criticamente traduzido para a linguagem da análise reflexiva, um procedimento hermenêutico que pressupõe que "os símbolos originais [...] contêm, ainda que compactamente velada, uma estrutura racional que pode se tornar inteligível mediante a reflexão"[19].

Tais comentários sobre a hermenêutica do estudo reflexivo dos símbolos desvelam o requisito fundamental da teoria da consciência de Voegelin: "uma filosofia compreensiva concernente à verdade da realidade"[20] na qual tanto os símbolos originais como os símbolos reflexivos, não sendo nenhum dos conjuntos de símbolos objetos externos da cognição cuja verdade pode ser julgada por critérios externos, irrompem da realidade comum que é a constante subjacente a todos os equivalentes da experiência e da simbolização. Deste modo, a articulação da estrutura racional contida nos modos históricos de simbolização por meio da análise reflexiva revela um processo da realidade tornando-se cognitivamente luminosa na empreitada humana da busca inquiridora. O filósofo, como todos os homens em busca de sua humanidade, participa conscientemente no drama existencial do Intermediário platônico da mortalidade e da imortalidade. Mas os atos reflexivos de cognição do filósofo — como afirma Voegelin no volume V, referindo-se mais uma vez ao primeiro filósofo,

---

18 Ibid., 230.

19 Ibid., 189.

20 Id., Outline: structure of consciousness, 2, manuscrito inédito, agora na Hoover Institution Library, Stanford University.

Platão — distinguem-se pelo equilíbrio precário com o qual se deparam entre a finalidade da linguagem da verdade historicamente experimentada e articulada e a não finalidade determinada pela posição da linguagem num processo em curso com fim indeterminado.

Esse equilíbrio da consciência noética ou reflexiva é a conquista diferenciadora específica do filosofar, na medida em que articula a dimensão da distância reflexiva na consciência. Ao introduzir o termo "distância reflexiva", Voegelin designa os atos reflexivos da consciência e a concomitante simbolização reflexiva como a área autêntica da inquirição filosófica. A distância reflexiva estabelece uma ligação sobre a lacuna entre a verdade "absoluta" experimentada por uma pessoa e a verdade "relativa" que se documenta na multiplicidade histórica da autoexpressão humana. A distância reflexiva traz à tona a interação das tentativas imaginativas de simbolização do filósofo e da atividade recordativa de sua consciência que é a anamnese noética. A linguagem da distância reflexiva se refere analiticamente à dimensão pessoal da existência humana nos termos do complexo meditativo consciência–realidade–linguagem, que fornece os símbolos com sua validade contextual; ela se relaciona com a dimensão social da existência humana nos termos de um campo social da consciência pública, que proporciona a compreensão mútua dos seres humanos existencialmente comprometidos. E, por fim, ela trata da dimensão histórica da existência humana nos termos da busca do homem por sua humanidade e sua ordem que atribui aos símbolos sua validade no contexto de suas equivalências históricas. Dessa análise crítica da inquirição filosófica surge a linguagem reflexiva que molda a forma simbólica da inquirição do homem moderno, que é o assunto do presente volume.

A análise feita por Voegelin da dimensão reflexiva da consciência é instruída pela tentativa hegeliana de recuperar as raízes experienciais da consciência. Voegelin afirma ter formulado o simbolismo da distância reflexiva em oposição ao simbolismo da identidade reflexiva e como um corretivo deste. Seguindo a autoanálise de Hegel na *Phänomenologie des Geistes*, Voegelin reencena, por meio de sua anamnese, a verdadeira estória da consciência reflexiva que se desdobra, desde suas origens mitopoéticas em Hesíodo até sua plena diferenciação em Platão-Sócrates. No curso dessa penetrante reinterpretação da filosofia platônica, Voegelin apresenta sua própria exegese da consciência inquiridora. O processo de inquirição deslinda com grande apuro analítico o todo estrutural da realidade conscientemente experimentada como a epifania significativa do ser material, animal e humano na realidade.

Embora a epifania da estrutura na própria realidade permaneça "um mistério inacessível a uma explicação"[21] (estando a ciência envolvida num incessante desvelamento dos determinantes estruturais um após outro), o movimento meditativo da inquirição gravita rumo à força estruturante além da estrutura manifesta. A busca é experimentada como a irrupção da força ordenadora de um Além intangível e inexprimível brotando na luta existencial pela ordem no mundo humano comum. Essa experiência de uma tensão fundamental na realidade existencial apontando para uma ordem além de si mesma é última: "Essa ultimidade experimentada da tensão se torna luminosa no símbolo 'divino'"[22].

Em busca da ordem foi concebido como o toque final do filósofo ao trabalho conceitual de reflexão. A remodelação final e radical da simbolização reflexiva da busca do homem por sua humanidade sob o horizonte do mundo moderno permanece inacabada. Mas os contornos de uma filosofia da condição humana ainda estão vívidos em *Em busca da ordem*.

Insistindo enérgica e incansavelmente numa linguagem desdoutrinada da análise reflexiva, o grande desígnio de Voegelin para a simbolização reflexiva recai no âmbito dos variados modos de análise da linguagem filosófica desde Humboldt e Charles S. Peirce até Wittgenstein, conduzido também como uma crítica das tradições dogmáticas. Voegelin partilha a intenção de refletir sobre as proposições linguísticas da própria filosofia e os problemas correspondentes das linguagens científicas. Ele também partilha a noção de que a linguagem específica do filósofo está reflexiva e criticamente relacionada com todas as linguagens possíveis.

Mas Voegelin resolve de modo convincente a *aporia* fundamental de uma abordagem estritamente formalista e instrumental da linguagem que é forçada a postular uma comunidade ideal transcendental de comunicação isenta de qualquer conteúdo empírico. Desviando-se de quaisquer construções transcendentais, Voegelin segue a linguagem reflexiva retrospectivamente até a consciência reflexiva, articulando o Logos da realidade do qual partilham todos os seres humanos. Essa parceria no ser, conforme revelada na busca humana por sua humanidade, é a precondição da possibilidade da linguagem *per se*. O cultivo desse conhecimento existencial, tendo um papel eminente na ordem social, é a responsabilidade do filósofo em todo momento de crise.

---

21 Id., *Ordem e história*, V, 40.

22 Ibid., 130 in fine.

Voegelin, portanto, seguiu esse chamado ao dever do filósofo em sua resposta imaginativa ao desafio moderno à razão humana. Sua busca da verdade foi empreendida com a determinação de restaurar o logos comum da realidade meditativa ao estado de consciência pública num momento de dissonância cognitiva e existencial.

JÜRGEN GEBHARDT

Índice remissivo

Edições Loyola

editoração impressão acabamento

rua 1822 nº 341
04216-000 são paulo sp
T 55 11 3385 8500/8501 • 2063 4275
www.loyola.com.br